W'

万榕

传播新知 优美表达

世界本身

THE WORLD ITSELF

[瑞典] 乌尔夫·丹尼尔森——著

李　菲——译

万卷出版有限责任公司
VOLUMES PUBLISHING COMPANY

著作权合同登记号：06-2022年第137号

ⓒ 乌尔夫·丹尼尔森 2023

图书在版编目（CIP）数据

世界本身 / (瑞典) 乌尔夫·丹尼尔森著 ; 李菲译
. — 沈阳 : 万卷出版有限责任公司, 2023.2（2025.4重印）
ISBN 978-7-5470-6093-3

Ⅰ.①世… Ⅱ.①乌… ②李… Ⅲ.①科学知识 – 普
及读物 Ⅳ.①Z228

中国版本图书馆CIP数据核字（2022）第178534号

出 品 人：王维良
出版发行：北方联合出版传媒（集团）股份有限公司
　　　　　万卷出版有限责任公司
　　　　　（地址：沈阳市和平区十一纬路29号　邮编：110003）
印 刷 者：天津鸿景印刷有限公司
经 销 者：全国新华书店
幅面尺寸：145mm×210mm
字　　数：126千字
印　　张：7.5
出版时间：2023年2月第1版
印刷时间：2025年4月第3次印刷
选题策划：王会鹏
责任编辑：李　明
责任校对：高　辉
版式设计：任展志
封面设计：任展志
ISBN 978-7-5470-6093-3
定　　价：48.00元
联系电话：024-23224081
邮购热线：024-23224481

目 录

引言

世界是真实的！

1976 年，出生于奥地利的美国心理学家，家庭理论家和哲学家保罗·瓦兹拉威克（Paul Watzlawick）出版了《真实到底有多真实？》一书。在书中，他提出了一种对构建主义理论或更宽泛的后现代理论非常重要的观念——即现实是我们自己构建的，因此，根本就不存在客观现实。不知何故，这些理论奠定了当下的"后真相"世界[①]。

我必须承认，作为物理学家，我总是发现，上述的这种对客观现实的否认是完全不正常的。那些不相信自己眼

[①] 后真相：网络流行语，用于描绘"客观事实在形成舆论方面影响较小，而诉诸情感和个人信仰会产生更大影响"的情形，post 表示"超越"，即"真相"不再那么重要。——译者注

前有一堵墙的人，也许可以试着用头去撞一撞，看看是否能获得一点实在感。作用与反作用力规则指出，头部撞墙产生了作用力，而墙也会对头部产生反作用力，可能损伤头部组织，甚至使人失去知觉，这就是一种"真实休克"。显然，即便我们认识不到，真实世界，包括墙壁，也仍然是存在的。如果世界不是真实的存在，如果人类社会对世界没有一致且准确的认识，那么，这不仅会危及物理学和其他科学，更严重的是，还会影响到人类社会的存在。

本书作者瑞典物理学家乌尔夫·丹尼尔森（Ulf Danielsson）跟我一样，毫不质疑真实世界的存在。作为物理学家，我们的工作就是研究"世界原本的样子"——就仅仅是它的本貌，而不是我们希望世界成为的样子。无论我们自己想象的世界有多么诱人，我们生活的这个现实世界都带给了我们相当大的压力。这个世界，我们也称之为宇宙，广袤无垠且纷繁复杂。也许结构和功能最为复杂的还要数我们的头脑，我们一直都是用它来理解这个世界的（为了做到这一点，你必须避免让头撞到墙上）。通过物理学和其他科学的理论方法，我们成功地认识了我们认为真实的世界的表征，从某种意义上而言，它们与现实世界相吻合，对我们也非常有用，因为它们让我们生活得更好。一般而言，这个世界是一个荒凉且危险的地方，我们只有认识并了解了它，它才能变成一个宜居的、舒适的地方。

上述科学理论的基本组成之一就是数学理论：物理学是以数学方式阐述世界法则的学科。数学理论之父伽利略（1564—1642，意大利数学家、物理学家和天文学家）用了一句绝佳的比喻，声称"自然之书"是用数学语言撰写而成的，只有懂这种语言的人才能理解。后来，牛顿也是通过数学方法才发现，掉在他头上的苹果（比头撞墙的力度小得多）也是受到一种规则约束产生的现象，就是万有引力定律，这种定律也适用于解释月亮围绕着地球运转，而地球和其他行星围绕太阳运转的现象。这不仅简单，而且也美。根据这一定律，两个物体之间的吸引力与它们的质量成正比，与它们之间距离的平方成反比。其他科学理论或多或少地遵循了物理学最先采用的数学表达法。

丹尼尔森是一位理论物理学家，瑞典乌普萨拉大学（Uppsala University，是自然学家林奈和天文学家摄尔修斯曾经任教的大学）教授，弦理论和宇宙学方面的专家，这两种理论学科都必须用复杂的数学方式表达和探索。在回答这样的大问题方面——如世界是由什么组成的、世界是如何形成的、世界将来会变成什么样——物理学家已经取得了巨大的成功，然而我们对世界的认识还不够完善，我们发现，在世界复杂多变的表征之后，有简单的规则支撑——也就是说，有"潜规则"。物理学家们不满足于他们已经知道的片面化的知识，于是开始寻找一种"适用于一切的理论"，一种关于基本粒子和根本性的相互作用的理论（弦理论就是一种待认可的理论，但还没有通过最重要的实验测试）。丹尼尔森对物理学揭示的世界秩序有了很好的了解，他在本书中给我们介绍了一种非常重要的信息：请不要将真实的世界与我们对世界的认识混为一谈，因为我们对世界的认识只是人类尝试探索的世界的一小部分，而我们所有的科学史都告诉我们，这种认识是有待改善和更新的。真实的世界是一回事，而我们对真实世界的认识和理解，尤其是根据"自然法则"归纳的数学理论，又是另一回事。事实上，正如爱因斯坦对万有引力的阐述所示的那样，它虽然包含了牛顿的理论，但又远超过牛顿的理论。本书作者让读者注意这样一个事实：对于爱因斯坦来说，力的概念被省略了，因为苹果、月球和地球的运动只遵循时空的曲线几何学。因此，"力"的概念虽然有用，但却是暂时性的，不持久的。

丹尼尔森很清楚，宇宙远不只是我们探索到的规则，宇宙不是数学知识。我们不能将真实与仿真实混为一谈，我们用电脑模拟的世界只是对真实世界的"夸张描述"。

他甚至还提出：真实的世界，与我们有时候读到和听说的相反，不是电脑所呈现的那样。我们自己和地球上的所有生物，虽然是真实世界的一部分，但却不是机器，电脑不能与我们的大脑相提并论，这种观点与人工智能学者的观点相反。

作者很清楚，现实的概念是难以理解的，它是一种哲学概念，因此他很快就解释了哲学观念中现实的概念。他引用了如亚里士多德、胡塞尔、海德格尔等哲学家的观点，解释称，将客观现实归因于我们的主观心理的这种错误，可以追溯到古希腊时期的相关理论，如毕达哥拉斯主义或柏拉图主义。他声称，正如美国南加利福尼亚州大学心理学和哲学教授达马西奥（Damasio）指出的那样，法国哲学家笛卡尔错误理解了身心二元论：笛卡尔将身体和灵魂区分开来，但我们现在知道——你只要看一看所有的生物体就知道——心灵（灵魂的新名称）与身体是密不可分的，心中的想象无论有多么天马行空，都只能通过身体的感官体验来解释。丹尼尔森还特别指出，笛卡尔过世于瑞典：这本书提出的观点，推翻了笛卡尔的观念，让这位法国哲学家经历了"第二次过世"。作者用现代的哲学理念，阐述了意识理论，他没有用后现代化的哲学理论，这种哲学理论的不良影响，读者们只要读一读普拉克罗斯（Pluckrose）和林塞（Lindsay）所著的《犬儒理论》（*Cynical Theories*，皮特什斯通出版公司，2020年）就能了解。

丹尼尔森提出了哲学界一直在探讨的其与科学的关系的艰深难懂的问题（这两者的关系如此紧密，物理学甚至还曾被称作"自然哲学"）。这是宿命论和自由意志的问题：这世间的一切都是遵循自然法则的吗，或我们有自由意志吗？作者提供了一种独到的答案：自由意志的概念名声不佳，因为它与决定论的概念相反，而决定论正是我们某些现实模型的一种特征，没有真正的自由意志，也没有什么绝对的宿命。

结论只能是，我们的物理学是不完善的，从很大程度上而言相当于柏拉图的理想主义，这从弦理论的方程式中很容易就能发现。我想说的是，通过试图弄清事情的真相，丹尼尔森也许发现了另一种看待世界的方式。也许我们需要看的是事物整体，而不是沉迷于事物的根基。我们写出来的方程式缺乏现实感，或者换言之，它们缺乏实体。丹尼尔森不知道未来的物理学会发展成什么样，但在书中指出，物理学以后要像生物学一样，不借助数学，将万般繁杂的生物世界一元化。他没有明确指出这一点，但我敢说：也许并没有一元化的理论，或者说，倘若我们坚持用一元化的理论描述真实世界，那么这种理论就是一种另类的理论。

本书是这位作者的第六部科普作品，作者现年五十八岁，一直活跃于瑞典的出版机构中以及广播和电视上，向公众传授科学知识（他甚至在斯德哥尔摩的皇家戏剧中心演讲过）。在瑞典最古老的大学——乌普萨拉大学毕业之后，作者师从诺贝尔物理学奖获得者大卫·格罗斯，获得了爱因斯坦曾经居住过的普林斯顿大学的博士学位。自2009年瑞典皇家科学院颁发诺贝尔奖以来，丹尼尔森就一直是该学院的成员之一。2020年，英国物理学家彭罗斯（Penrose）、德国物理学家根策尔（Genzel）和美国物理学家盖兹（Ghez），因他们在黑洞方面的探索发现而获得了诺贝尔物理学奖，在颁发奖项的时候，是丹尼尔森向全世界解释了黑洞是什么：就是宇宙中的可怕深渊，时间和空间在其中被严重扭曲了。

这本书很好读，多亏了作者清晰的思路和高超的写作技巧。本文是从瑞典语原文翻译而来的，即便读者没有物理学或其他学科背景，即便读者不赞同本书的观点，也会被本书内容所吸引，这种情形出现的理由之一就是，丹尼尔森引用了很多文学类的参考文献：如法国小说家普鲁斯特（Proust）、阿根廷作家博尔赫斯（Borges）和英国作家鲁西迪（Rushdie），他还引用了视觉艺术和电影业人士的观点，如荷兰艺术家埃舍尔（Escher）、俄罗斯著名的电影制片人塔可夫斯基（Tarkovsky）和奥地利犹太裔美国电影导演库布里克（Kubrick）。

　　我尤其喜欢他在文中介绍的日常生活事例，如，一位很有潜力的足球运动员不需要用解方程的方式把球射进球门。他还在文中引用了他自己的生活经历，如，他的孩子就读的幼儿园老师问他，无穷是什么意思，他走了几步，回答说，你从这里走到那里，你可以试着越走越远，没有尽头，你显然会在某个时候感到疲劳，我的意思是，无穷是一种理想化的、柏拉图式的概念，这是我们所无法达到的。我们不知道宇宙是有限的还是无限的，但我们所知的这一部分，无论是我们人和航天器探索到的空间，或者光信号所覆盖到的空间，都是有限的，然而，正如本书如此贴切地指出的那样，关于宇宙的知识似乎是无穷尽的。现实世界是真实的，我们现在和将来都要面对它。

——葡萄牙科英布拉大学（University of Coimbra）

物理学教授卡洛斯·菲奥尔（Carlos Fiolhais）

第 1 章　一切都是物理

任何事物……人们首先要体验，然后才能总结关于它们的理论。

——埃德蒙德·胡塞尔

我有个秘密要告诉你：生命不是机器，我们的头脑之外没有数学理论规则，世界是真实存在的，不是任何事物的仿制品，电脑不能思考，你的意识不是幻象，你的思想由你控制。

我是理论物理学家，以在数学规则的帮助下探索宇宙为生。历史已经证明，数学是一种成功的理论学科，让我们认识了这个复杂宇宙。物理学已经验证了，我们这个世界是怎样由受一般法则约束的微小元素构建成的，而宇宙有近一百四十亿年的历史。因为我们陶醉于我们发现的这些数学理念，所以就很容易忽略数学的概念模型跟现实世界的差别。

数学规则没有统治这个宇宙，我们只是用这些规则来阐述我们在宇宙中发现的事物，符合数学规则的也符合自然法则。大到宇宙中的星体，小到原子，这些事物都没有受到自然法则约束，自然法则只是我们总结自己对宇宙的认识的方式。自然就是它原本的样子，而我们作为自然界中的有机生命体，试图尽可能了解和认识我们在其中的经历。

认为数学规则统治整个宇宙的观念是基于一种有历史渊源的二元化生存观念，即人类意识高于世界本身。我们幻想着有一个永恒存在的地外世界，控制着地球上的一切物质。虽然科学已经揭示了宇宙的一切，但我们并没有真正摆脱从根本上而言宗教化的世界观，我们仍然在使用扰乱我们思维的概念和神话传说形象。物理学是一种探索美好的数学规则的学科，这种规则以独立自主的方式支配着物质。在很多情况下，追求简单和美是取得成功的方法，但却也有其风险，因为并没有什么能保证，宇宙从根本上而言是美的，简单的。

所有这一切都与对超凡灵魂的信仰密不可分。但是，自我植根于身体这一观点肯定是正确的，原因很简单，因为如果没有真实的自我，也就没有数学规则，没有语言符号，更重要的是，一切就没有意义。自我本身并不是幻象：它是具体的存在，是物理学一定能够描述的一种物质。

在这本书中，我提出一切都是物化的，除了物质，没有什么是真实的。但是，我们也没有理由相信，我们已经差不多了解了这个物质世界具备的能力。考虑到人的生理机能的局限性，现在，很可能有一些关于世界的核心理念远远超出了我们的理解，以至于我们甚至无法就这些理念提出问题。这与难以理解的奇异现象无关，而是关于我们所处的和日常生活中所体验到的世界的各个方面。想要知道人的主观体验是怎么产生的，以及活物与死机器之间的差别，我们需要一种全新的方式去理解产生的核心理念，这种方法不是从细节上去考虑的，而是关于理论体系的转变的，就像牛顿刚提出力学理论，或相对论和量子力学刚产生时一样。这也对我们看待自身的生活方式，对评估我们的生活很重要。

世界是什么

在我们生活的这个时代，想象与现实之间的界限已经模糊了。这不只是因为虚构的东西在娱乐和社交媒体上发挥的作用，而且还因为我们与自然以及人类赖以生存和谋求幸福的物质基础的关系。我们认为自己主要生活在一个文化和社会构建的世界里，我们在其中自己制定规则。在流行文化中，人们认为整个宇宙就相当于计算机模拟出来的幻境，有人还完全不了解这个世界，他们甚至还认真设想，在技术的帮助下，我们的意识可以脱离身体，以电子手段上传到网络上。物理学呈现我们自身的方式，与生物学揭示的关于我们自身的真相是大不相同的，后者有时候是非常残酷，同时也很奇妙的。我们是局限于终将消亡的有机身体之内的生命体，同时也是浩瀚无际且神秘莫测的宇宙的一部分。

即使在那些声称是科学先驱的人中，似乎也有许多人怀疑这个世界是否是真实存在的，他们被数学和计算机科学所吸引，看不到真实世界和计算机模拟出来的世界之间的差别，还有人甚至认为，世界本身从根本上而言是数学化的，他们被物理学展现的宇宙所吸引，并发现数学的力量和美势不可挡。结果，就产生了一种近乎宗教的迷信观念，认为科技能够导致善与恶。许多人也声称，帮我们进行这种探索发现的电脑，就象征着宇宙本身，这种观念并不新鲜。19世纪时，最前沿的科技产品是蒸汽机，宇宙就被比作是一种机械化奇迹。现在，我们觉得，自己对宇宙的了解更加完备了，认为宇宙就像是一台电脑，更准确地说，宇宙就是纯粹的信息，你和你的一切，包括你的思想，都可以被翻译为一连串的1和0，最理想的情况下，这可以给予你永生，这当然是很棒的。

唯一的问题在于，这不可能成真。

我们能够看到和体验到的一切，我们物质化的宇宙，以及生命和意识，都是这个世界的不同组成部分。科学的使命就在于，尽可能地去探索我们的宇宙的运作方式，这是在物理学、化学和生物学等学科的帮助下完成的，这些学科通过医学和神经科学又转变成人文、社会和哲学学科。它们都有各自独到的语言，以及各自的真理准则。我们认为，这些不同的知识体系差不多是相互独立的。人们普遍认为，一切事物的基础，或事物的最高级别知识，就是物理学，其他一切都可以从中衍生出来。生物学家需要一点化学知识才能理解动植物细胞内的状况，从另一方面而言，化学家也认为原子的物理学理论是可靠的。基础物理学的发现，经过层层过滤，基本上与我们大多数人无关。虽然宇宙的复杂与美被认为是粒子物理学基本定律的结果，但这种知识对化学家来说用处不大，对熟知北欧神话传说的专家来说就更没用了。量子重力学方面的理论不是研究鸟类迁徙方式的专家需要关心的问题，同样，大多数物理学家都认为，人们所能了解的关于生物的任何知识也跟宇宙大爆炸的数学研究无关。我们的宇宙，尤其是我们对宇宙的认知，被方便地打好了包，使我们作为科学家的工作尽可能简单，这样，除了物理学之外，自然科学和社会科学都有发展空间。当然，开拓性的科学进步，通常是包含了各种学科领域的知识，综合各种知识，人们可以探索和发现对旧问题的新观念。尽管如此，根深蒂固的总体等级制度几乎没有遭到挑战。

我必须承认，我有一种乍看上去非常极端的世界观，我认为物理学不只是世界的基础，而就是整个世界，我将物理学定义为研究世界本身的学科。我们有机生物只是这个世界的一部分，通过进化，逐渐认识到，自己是从永恒沉睡中醒来的事物。物理学不是关于自由独立的观察者怎样身处世界之外，隔着相当长的距离远观世界的，我们的有机身体，所有的思想，包括创建的科学模型，都是我们急切地想要把握的世界的一部分。我认为物理学能概括这世间的一切：一切都逃不开物理学的约束，实际上，它事关生死。

二元论的起源

生于德国的哲学家汉斯·乔纳斯（Hans Jonas，1903—1993）在他的著作《生命现象》（*The Phenomenon of Life*）一书中讲述了这世界千年来发生了怎样变化的故事，是关于生物是如何因面对死亡而不得不选择放弃的。古时候，这个世界上充满了生机，地球上到处都有人以及各种动植物，其中有一些得到了欣赏和赞许，还有一些是危险的，隐藏在黑暗之中，也是许多神话传说和童话故事的来源。每个人都有自己的生存方式，因此，自然事物，如活动不停的风和海洋，也一定是有生命的。也许天体也有自己的生命，它们特地沿着自己的轨道运转，其目的地是哪里我们也不知道。为了便于理解，古代人构建了宇宙，生命是其中理所当然的存在，而死亡则是非常神秘的。死亡在一个充满了生命的世界里起了什么作用？你怎么能理解这种作用？我们需要一些理念来告诉我们生命结束之后延续着的是什么，以处理生与死之间的矛盾。

科学发现，世界远比人们所想象的要大得多时，一切就改变了。认识到地球在宇宙中的位置时，我们才发现，这个宇宙的绝大部分区域都是死气沉沉的。死物无处不在，生命是特殊的例外。我们的世界观也改变了：死才是规则，掌管着一切，而生命是需要理解的神秘存在。

乔纳斯认为，生与死之间的对比如此强烈，我们的世界观也开始两极分化。二元论将身体和灵魂区分开来，认为身体是由易腐烂的物质构成的，而灵魂是精神化的，永恒的。我们的宇宙中大部分事物都是死物，但没有人能否认我们内心之光的存在，也就是所有人都知道的自我，一种一定起源于这个世界之外的地方的有生命的灵魂，也许它可以击溃死亡，永远存在吧。这种灵魂，及其对抗死亡的能力，一定是一种比死物更重要的存在，确实让人类变得特立独行。关键的地方就在这里，活的身体被遗弃，成了死物，而且是巧妙构建而成的，但从本质上而言，它只不过是一台由不朽的非物质化的灵魂操控的机器。

通过二元论这种方式，现代科学才得以存在。科学家独立于死物世界之外，能够用灵敏的仪器，从安全、崇高和客观的角度对这世界进行研究，并以数学定律来总结研究的成果。这些定律包括了我们能够了解的关于这个世界的一切，从这个角度而言，科学痴迷于研究死亡。

乔纳斯认为，进化论一经提出，这种身体和灵魂的二元区分，死物构成的世界与活生生的人类自我之间的对比，就分崩离析了。如笛卡尔（1596—1650）这样的哲学家所认可的身体灵魂二元论，以及奠定了现代科学基础的理论，就遭到了进化论体现的生命体的挑战。人不能再轻易地相信，有什么东西使我们与这世间的其他生命不一样。根据笛卡尔提出的二元论，所有其他的生物，无论是单细胞的变形虫、蝴蝶、狗，还是黑猩猩，都只是由死物构成的机器。从另一方面而言，人从根本上跟上述的生物不一样，我们有灵魂，有自我，有了解和认识这个世界的能力，这一点真的重要吗？在进化过程中，这种认识世界的决定性和奇妙的改变是什么时候发生的？非洲的古人类直立人（Homo erectus，距今180万—30万年前生活在非洲、欧洲和亚洲的古人类，一般认为直立人起源于非洲）真的有内在的自我吗？还是，自我这种东西是不是我们掌握了语言之后才发展出来的？

　　进化过程分为很多个步骤，而且是持续性的，我们有理由认为，决定我们成为人类的东西，无论是什么，都可能以简化的形式存在于我们的祖先身上，甚至存在于其他生命形式的身上，其规模和范围大小，我们不知道，但现在已经不可能在意识和死物之间划出明确的界限了。当然，一种可能是因为人完全屈服于死物，任其入侵并征服了活人最后的避难所——自我，并将自我解释为一种幻觉。过去那个充满生机的世界已经完全被充满死机器的世界所取代。二元论是不存在的，生命和主观的自我也是不存在的。

　　然而，我们也将发现，这个世界上还有一种与上述观念截然不同的观念。我们进行科学研究的方式仍然停留在二元对立的框架中，如果这世界根本就没有有利的条件，那么科学的客观有利条件又怎么能存在？在一个满是机器的世界里，没有人认识到这一点，也没有人会被误导，怎么可能有幻觉？

意识是一种物理现象

我们所知道的最奇特的物理现象就是生命和意识。如果一切是物理的，那么从宇宙大爆炸的炽热稠密等离子体，到人类意识之间一定有一种不间断的发展过程，物理一定能够描述这一过程。内心的自我跟其他物化的事物一样真实，必须毫不违和地融入我们的世界观中。我既不同意那些认为意识是幻象，有机生物体最好被理解为机器的人的观点，也不认同那些意识一定是永远无法解释的，而且其定义超出了物理学范畴的人的观点。当然，意识是一个难以解答的问题，引用澳大利亚哲学家大卫·查尔默斯（David Chalmers）的话来说，就是"难题"，但是，我不认为自我能够独立于其物质基础而存在，无论是以不朽灵魂的形式，还是以现代的信息化替代形式，这两者都是异想天开的童话传说。

物理学真的能够定义一切吗？一些人发现，这样的世界观没有任何意义和价值，当然这世界上一定有些事物是物理学无法定义的，甚至从理论上而言也站不住脚。宗教满足了一些人对更多事物的渴望，而另一些人则梦想着如何将信息化的意识上传到电脑，从而给我们带来永生，有些人认为世界本身等同于纯粹的数学，但我所说的物质，从根本上而言包括了生命与意识——也包括一直存在的，不可或缺的主观化自我观念。我们不能独立于世界之外而存在，我们是世界之中的生物，我们总是从已经存在的有利视角来看世界：这个视角就是内心视角。物理学——按照我选择的定义方式——并没有阐述清楚宇宙的构成，而是揭示了一种比我们有限的逻辑思维所能想象的更美好的现实。

瑞典哲学家马丁·哈格伦德（Martin Hägglund）在他的突破性著作《今世此生》（This Life）中介绍了，基督教会的创始者之一奥古斯丁（Augustine）是怎样在对易逝的地球的爱和对永恒的天堂的渴求之间挣扎的。哈格伦德认为，最根本的问题在于，从永恒的角度而言，短暂是没有意义的，只有在事关重大的时候，短暂才有意义。如果时间停止了，那一切都不能再发生了，你可能也正好死去了。天堂并没有让我们所爱的凡俗事物永生，而是否定了它们的意义。我们的时间科学也遇到了同样的问题，相信这个世界能够完全由电脑程序中的数字化信息支持，就相当于信仰天堂，这种相信将概念模型和现实混为一谈，基本上是试图独立于世界之外，让自己从不确定和易逝的状态中解脱出来。

持有这种观念注定是会失败的。

我们这种生物是被定义为有意义的创造物，而"易逝"是这种意义的先决条件。这种观念与我们当今世界所倡导的一切相反，最重要的观点是，世界是真实的。虚幻的与有血有肉的生命是有差别的，这也是本书所介绍的内容：世界本身。

第 2 章　生物不是机器

为什么牛顿的苹果会掉到地上？因为这首先是物理问题，那我就从物理学家的角度开始解答。

"任何两个物体之间都存在着一种被称为引力的力，其大小与两物体质量的乘积成正比，与两质点中心间距离的平方成反比。因此，苹果从树上掉落的时候，就受到了这种引力的作用。"

现在，我们再从进化论、生物学家的角度来看这个问题："从前，苹果总是到处乱跳，上下左右跳个不停，世界上到处都是弹跳的苹果。然而，只有掉到了地上的苹果才能发芽生根，长出新的苹果树来。"

——弗朗西斯·阿诺德（Frances Arnold），

六岁的时候，我的理想是成为生物学家，我对各种动物非常感兴趣，尤其是那种看起来有点与众不同的动物，如鱼、蛇、昆虫，当然还有恐龙。随着我渐渐长大，我对它们的兴趣也日渐浓厚。九岁时，我得到了一缸热带鱼，夏天的时候，我还在附近的池塘里抓了一些不知名的小生物养着。我观察蝌蚪长成青蛙，观察到我用刺荨麻喂养的幼虫变成了美丽的蝴蝶。但是，随着我对科学的兴趣逐渐发展成熟，我觉得，关于这个世界最核心的问题及其答案，无法从我童年时在树林、草地和湖泊中找到的各种生物身上找到。我如果要探索这个世界真正的运作机制，那最重要的探索对象还是星光璀璨的天空。

所以，我后来选择了当物理学家。像我这样的物理学家研究的是大自然的基本法则，不需要担心生物学问题，但从另一方面而言，生物学家一定要至少学一点基本的物理学，毕竟，显微镜和其他仪器化的物理学实验方法，对于获得生物科学的任何成就都是绝对不可或缺的。不过，物理学家能从生物学家那里学到什么？

我曾经在一次有数千名观众在场的访谈节目中采访生

物学家兼科普作家理查德·道金斯（Richard Dawkins），那时我有了机会与他探讨这些问题，他无法回避。他是一位优秀的英国绅士，说话轻柔，很有幽默感，他实际上跟有时候媒体报道中的形象完全不同。对某些人来说，他是位偶像人物，但也有些人则因为他一直坚持反对宗教而害怕他。

那一次，道金斯对我的研究项目表达了认可和欣赏，作为一名物理学家，我受宠若惊。他认为，物理学是一门高深的学科，其他的一切都是以它为基础的，生物学研究的是复杂的事物，而物理学注重的是事物的根本，这时，我才发现，我当初选择物理学而不是生物学也是因为如此。正是因为物理学这种深邃的魅力，所以我毫不犹豫地远离了别人感兴趣的复杂且肮脏的生物世界。

物理学家，至少是热衷于研究如粒子物理学方向的，都沉醉于简单和美之中。尽管他们支持道金斯的无神论，因为无神论接近生物科学，但谈论他们自己的专业主题时，他们则高兴地表示，美丽而简单的法则是创造世界的基础。无论是否是无神论者，他们都开玩笑地宣称见到过上帝的脸，或者上帝不玩骰子。这些难道仅仅是象征吗？当然，对大多数人而言，如果你认为一切都是以简单和美为基础的，你很快就会面对"为什么是以简单和美为基础的"这个问题，谁制定了我们认为理所当然的美的自然法则？在谁看来这是美的？这种简单性应该是从什么程度上评判的？如果你认为美是一种绝对化的概念，独立于人而存在，那么就会得出一种诱人的不可避免的结论：创世者一定隐藏在什么地方，他跟我们有相似的品位，头脑也不比我们发达。艾萨克·牛顿（Isaac Newton，1642—1727）和他的同时代人认同这一观念，相反地，他们想要找到证据证明，上帝的确存在，而且是有智慧的。

我跟道金斯探讨的时候，我想要确定，他是否也认为，物理学没有什么需要向生物学学习的。其实，情况并非总是如此，历史上有一些重要的例子表明，新物理学概念理论的线索隐藏在生物学知识中，进化论就是这样的例子。

19世纪时期的重要物理学家开尔文勋爵（威廉·汤姆森，William Thomson，1824—1907）曾声称，物理学已经揭示了大自然的所有秘密，只有一些难懂的小细节人们还没有弄明白。这些小细节可以引导人们认识量子力学和相对论，但认识量子力学和相对论都是这番话之后的事了。威廉·汤姆森，也就是开尔文勋爵，跟其他物理学家一起，为地球的年龄设定了固定的上限，即不超过几千万年，地球内部的岩浆不可能以熔融的状态出现，也不可能有任何能源能使太阳燃烧比上述更长久的时间。当然，这就给查尔斯·达尔文（Charles Darwin，1809—1882）带来了问题，他需要更长的时间来证明进化论的合理性。达尔文在给另一位伟大的生物学家阿尔弗雷德·拉塞尔·华莱士（Alfred Russel Wallace，1823—1913）的信中，他提出："汤姆森推测的世界的年龄曾经一直是最困扰我的问题之一。"

达尔文的困扰是确实存在的。20世纪初物理学的一场革命，能为这一问题提供答案。讽刺的是，开尔文勋爵得出的两种问题的结论虽然不对，但将它们结合起来，也能发现答案，放射现象解释了地球为什么能保持温度这么长时间，核聚变则解释了太阳为什么能燃烧数十亿年。

同样的线索是否也隐藏在现代的生物学理论中？我们是否找到了生物学永远需要的所有物理学知识？这是我想要知道的问题，生物学家道金斯对此还不确定，不过其他生物学家却毫无疑虑，他们认为，对统管宇宙的基本法则感兴趣的物理学家来说，生物学一点也不重要，同样的，生物学家也可以满足于比现有的物理学更少的物理学知识。

我认为，道金斯有理由对此表示不确定。

密码

生命是什么？ 1944 年，第二次世界大战即将结束的时候，物理学家埃尔温·薛定谔（Erwin Schrödinger，1887—1961）就出了一本以这句问话为标题的书。他以物理学家的视角阐述了这个问题，没有排除对全新观念的需求，即便是基本的物理学方面的全新观念也没有排斥，不过因为一种特定的理念，他的这本书成了历史性巨著。在书中，他推测了遗传基因信息是以什么物理化形式储存的，也许是以某种晶体的形式隐藏在细胞中。

虽然那时候他并不完全了解相关的细节内容，但是十年后，当 DNA（动植物细胞中带有基因信息的化学物质）的双螺旋结构被发现时，他的理论也大都得到了证实。1953 年 2 月 28 日，在剑桥的一家酒馆里，英国科学家弗朗西斯·克里克（Francis Crick，1916—2004）告诉他的朋友们，他和詹姆斯·沃森（James Watson）发现了生命的秘密，他们的发现完全符合薛定谔的推测，但是，是物理学家让生物学家的研究走上了正轨。

天体物理学家乔治·伽莫夫（George Gamow，1904—

1968）以其对宇宙学的贡献和广受赞誉的科普书而闻名。在1953年夏给克里克和沃森的信里，他提出，DNA应该包含一种代码，其中的每个密码子包含三个字母，指代氨基酸构成蛋白质的方式，蛋白质是所有生物体最重要的组成部分。伽莫夫的主要贡献是将问题简化为一种数学实践，将DNA中的核酸序列与蛋白质中的氨基酸序列进行匹配。基因密码没有用英文字母表的所有26个字母，只用了A，C，T，G四个字母，分别代指核酸腺嘌呤、胞嘧啶、胸腺嘧啶和鸟嘌呤。与寻常的语言不同，寻常的语言对一个单词中的字母数没有具体限制，遗传密码中的每个密码子总是正好包含三个字母，如AAA，AAC，AAT等，用这种方式，你可以得到 $4 \times 4 \times 4 = 64$ 种密码子，其中61种代表氨基酸，而剩下的3种则表示停止蛋白质合成的时间。例如，AAT代表亮氨酸，CGA代表丙氨酸，密码子的序列说明了细胞产生的蛋白质中氨基酸的序列。这种语言一定有某种程度的冗余，因为生物体中所含的氨基酸数量不超过20[1]。

为什么只有这么一点？一共四个字母，但密码子只有三个字母，所以密码子仅有20种不同的含义。令人诧异

---

[1] 编者注：目前已有新发现的两种氨基酸，因此构成生物体的氨基酸数量应为22种。

的是，这种基因密码如此普遍存在，从最简单的细菌到我们人类，都有基因，这体现了众生合一，所有生命都有共同的起源。我们可以认为，使用 DNA 的不同生命形式，其 DNA 密码也是各不相同的，不过这一点不是我们发现的。通过数十亿年的发展，进化已经改变了基因形式，但却没有改变基因密码的语言。

为了阐述基因在生物界中的重要作用，理查德·道金斯以自私基因的形式提出了一种惊人的观点，他想要表达的是基因为什么是进化的核心。基因的发展变化，是环境影响由基因创造的有机体产生的结果。以生存繁衍的有机体形式表现的基因，是上一辈遗传给新一辈的基因，未能生产出可繁衍的后代的基因就会消失。有机化的动植物是次要的，只不过是自私和独创性基因的工具。

这难道是说从某种程度上而言，基因比有机体更真实吗？人们可能总结称，虽然基因是确实存在的，但由它们编码产生的有机体不过是幻象。这让人想起苏格拉底之前时代的哲学家德谟克利特（Democritus，约公元前 460 年—公元前 370 年）提出的观点，即真正存在的只有原子和虚空，其他的一切，如痛苦和甜蜜，都只是习惯化的存在。根据这种看待生命的观念，基因在生物学中的作用就跟原子在物理学中的作用一样重要。

道金斯的观点很有说服力，但仅凭这一点，我们并不太清楚基因到底是什么。正如有机体只是基因的一种表现形式，也许我们也可以说，基因只是以 DNA 分子形式表现的一种物化的存在，追根究底，我们发现，基因不过是无形的信息。在此基础上，道金斯引入了模因的概念，自然选择在其中有着意想不到的作用。模因可以是一个简单的词语，一种概念，或者是一种能够进行人际传播的理念。它可以是一种许多人使用的简单词汇，或者一种观念体系，甚至是一种宗教信仰，对人类产生了巨大的影响，决定了人们构建社会的方式。模因可以通过网络传播，影响到全世界各地的人，它们可以通过语言传播给他人，可以储存在书里成百上千年，然后被人们重新发现，并继续它们的世界之旅。它们需要物理形态，但却完全与物理形态内容无关，人大脑中的纯粹信息有多种编码形式，就像各种观念既可以记录在纸上，也可以以数码形式储存在 USB 盘中。

进化论的提出和遗传代码的发现表明，生命的本质是纯粹的信息，信息内容的字母序列，描述了动植物的有机体是以什么方式组合在一起的，这些有机体的唯一目的是创造更多的自身复制品，不过事实果真如此吗？这种推理方式中有一个重要的陷阱：如果没有人能够读懂代码，那么代码就没有意义，包含了数十亿组由 A，C，T，G 四个字母组成的不同序列的人类基因，就是这样的一种代码。

不久之后，我们许多人就都能够知道我们完整的基因代码，这里面包含的信息不多，你很容易就能将你自己的基因序列存进 USB 盘里，而且你的几个朋友的基因序列也可以一起存在里面。让我们设想一下，将你的基因序列送入太空之中，希望未来的某种先进文明能够探索到其中的所有秘密，他们是否能复制一个你出来？完全不可能。

这不仅从实践角度而言很难做到，仅从理论上而言也不可能。即便外星文明能够合理地推测出这是根据 DNA 分子排序而得出的代码信息，他们也不会成功复制出人来。同样地，我们也可以想一想，倘若我们收到了外星来的密码，如果我们有合理的理由认为这密码代表着一组基因，那我们能用它来做什么。即便我们推测它一定与基因有关，但这也不足以让我们将其中的信息转变成一种活生生的有机体。简而言之，没有父亲，你可能制造一个生命，但没有母亲则不行。

遗传所需的代码钥由完整的细胞系统保管，该系统读取和解释密码，并体现为物化的生命体。没有细胞读取密码，DNA 分子就没有意义。断章取义地说，它并不比其他分子更自私。同样地，如果你无法用适用的计算机来编译和执行所有命令，那么光有一段计算机代码也是没用的。如果你使用的是普通的家用电脑，那么你就算有为苹果电脑开发的程序也没用，更糟的是，如果没有匹配的电缆，你甚至无法给你电脑的电池充电。制造一台真正的电脑可比编写一个代码困难多了，例如，虽然我们仍然没有创造出真正的量子计算机，但我们早就已经知道如何编写量子计算机程序。

　　基因代码及其解读过程之间的关系就像鸡与鸡蛋的关系一样，谁是先出现的？这就像是一种加密术，破解加密本身所需的代码是加密编码而成的——而加密术绝不会使解开不能理解的加密更加容易。但是实际情况比这要更糟糕，如果你不知道怎样解读基因密码，那么不仅仅是 DNA 传递的信息没有意义，而且这里面还有很多迹象表明，DNA 并没有真正包含所有的信息。到了可以利用 DNA 中的信息生成其代码的蛋白质的时候，细胞就会生产蛋白质，这种信息并不一定储存在蛋白质序列中。例如，我们已经发现，内容信息不变，DNA 就可以进行化学变化，而且它也不会表现出来，这就导致了生物体后天获得的特性代代相传的可能性，因而违背了通常所说的中心法则，即信息可以从 DNA 传导到蛋白质，但蛋白质中的信息无法回传给 DNA。

有机生物体还有更多方式利用自身体验经历，并将它们传给后辈。我们人类就创造了一种尤其有效的理论，已经使用了上千年了。我们生命中学习和体验到的信息，以记忆的形式储存在我们的头脑中，这些记忆可以通过教育传导到我们的孩子们的头脑中，现在，集体的体验经历通常会通过书籍和电脑，间接地传送到接收者的头脑中。就跟基因一样，模因在人类进化和适应环境的过程中发挥着重要的作用，虽然两者传播的时间跨度不一样，但从基本的物理学角度而言是一样的。要弄明白其中的信息是如何存储并改变的，这是一个科学的问题，而没有理由相信，我们现在已经完全掌握了这些内容。

在描述有机生物体的运作和发展方式时，信息是一种有用的概念，但是，如果我们认为，这样就理解了生命这种物理现象，那就大错特错了，这里面的内容比单纯的信息有意思多了。

有生命的机器

　　作为人，作为科学家，我们喜欢简单，当我们找到简单的事物时，我们就会很开心。对物理学家而言，美就只是意料之外的简单而已。我们将宇宙当作一台完美的机器，根据数学规则构建而成，按照这些规则，从本质上而言不同的现象可以用同样的基本定律解释。自古以来，人类都认为，这是由一位神圣的设计师来操纵的，宇宙这台机器的特点是宇宙的设计，这表明宇宙是由一位发明家怀着特定的意图建造和组装的，机器的意义可以回溯到一种外部的动力。

　　作为科学家，我们很自然地容易将一切简化，毕竟，科学从很大程度上而言，就是要寻找世界中隐藏的简单性的迹象。但是，按现代生物学理念，没有必要在缺少创造者的世界里找寻完美。"足够好"是我们生活的口号，有时候甚至"足够好"还不够。以简单的教学方式构建的自然世界没有内在价值，因此，有机生物体从根本上而言跟机器是不一样的，前者是通过进化而产生的，而进化是没有什么设计可言的，而且创造者也是盲目的。

有机体与机器的不同之处引起了德国哲学家伊曼努尔·康德（Immanuel Kant，1724—1804）的关注，在他的著作《判断力之批判》（*Critique of Judgment*）中，他提出，关于生命，不可能用单纯的机械化理论来解释。人们可能会猜想，他是怎么知道这一点的，他对生物学知之甚少，因为他出书的时间比达尔文提出进化论的时间要早得多了，康德发现了机械论和宿命论之间的紧张关系。有机体本身既是因，也是果，部分组建成了整体，而整体决定了部分。康德对我们对上述内容的理解程度持悲观态度，他担心"大自然的组织构建……与我们已知的任何因果关系都不相同"。

鉴于此，我们讲述生命历史的方式中出现了一种危险的矛盾。你如果像许多生物学家一样，坚持用机器绘制的图像，那你就无意中将你的思想引导到了智能设计的方向上，如果你太倾向于这个方向，那么自私基因的说法也就不复存在了。非常具有讽刺意味的是，我们用机器绘制的图像，以及读取和执行的代码，跟我们可能想要抵制的关于智能设计的困惑理念相似。生命世界不是按那种方式运作的，密码和解释密码含义的内容之间的区别不明显，基因组并不包含无形的信息，它是由有形的物质构成的，是细胞系统的一部分，该系统经过了数十亿年的进化，不需要适应简化的模型。

但这一点并不是美国哲学家丹尼尔·丹尼特（Daniel Dennett）担心的问题，在他的书《从细菌到巴赫》（*From Bacteria to Bach and Back*，2017）中，他说，只要强调自然界没有创建者，他就可以毫不避讳地来谈论自然界的构造。如果他知道我的想法，他就会觉得，我试图对机器和有机体进行区分一点意思也没有。他认为，花时间让外行相信有机生物体不是经过设计的是无益的。相反地，我们应该完全接受这一显而易见的事实，即任何生物都是有设计的，并解释这种设计是如何通过盲目进化而产生的，其副设计师是自然选择与随机突变产生的新基因变体相结合形成的。生存下来并成功繁衍的有机生物，将它们的基因传给了后代，生命世界就是通过这种方式进化的。我有一点理解丹尼特的观念，我完全同意他对进化论的看法，我也完全同意，除了物理学之外，不需要任何别的东西来描述生命或意识，但我们在一个关键点上意见不一：我们说的物理学究竟是什么？

丹尼特引用了比他更审慎保守的同行们的观点，他抱怨称，他们的语言因毫无意义的理由而显得没有根据。最后，他可能是对的，但如果我们非常认真地思考我们所知道的现代物理学，我们就会发现，他跟我们对物理学基本法则的理解完全不一致，他认为的基本法则根本没有意义或目的——甚至与我们理解的一点相似点也没有。

像我这样的物理学家有时候认为，我们肩负着全部的科学重任。生物学家也许可以罔顾这样的事实，即他们只是在研究不能真正确定的模型，困难总是被不断地往后推，最后落到物理学家这里，物理学家们没有其他人可以推卸，只能两手空空，面对着一堆既没有意义，也没有目的的方程式。只要我们关注外部世界，我们就可以自由使用充满意义的语言，像丹尼特，我能看出我们需要告诉别人什么。只有通过充满感情的故事，世界才能被理解，不过本书中我们想要达到更多目标，我们的目标是把主观的内心世界作为物质世界的一部分，如果一切都是物化的，那这就是不可避免的，没有任何地方可以隐藏。问题在于，物理学通常将物理学家排斥在外，必须始终划定一条线，将观察世界的人与外部世界隔离开。我们接受了观察者的身份，无论是你、我，还是丹尼尔·丹尼特，都是血肉之躯，都遵循着我们拼命想要理解的自然法则，那自然法则体系就崩溃了。

在他的书中，丹尼特回忆起了一次在一大群物理学者前的演说，那时他问他们，有多少人理解 $E=mc^2$ 的意义，大家都回答他们理解，不过一位理论物理学家站起来辩称，他们的回答都不对，只有他才真正明白其含义。丹尼特认为，这故事体现了理解是一种相对的概念，有许多难以阐述清楚的地方。我的观点与丹尼特不同，我是真正理解爱因斯坦（1879—1955）的这个方程式，且也明白这个方程式为何如此重要的理由的人之一。有了这种理解，我也就明白了物理学究竟是什么，现有的物理学能够实现什么目标，其局限性又在哪里。物理学是很明确清楚的学科，用的术语也很精准，不过这也揭示出了其局限性，生物学就没有这样的明确精准。人造的机器和进化而来的有机生命体之间，存在着一种定义还不够完善的差别。进化论体现了生命有多么务实，多么注重结果，这与物理学形成了鲜明对比，物理学仍然崇尚简单和美。我们以经验为依据认为，我们创造的模型尚未真正捕捉到生命的某些特殊之处，这一点也适用于我们主观的内心的自我，它也可以以其他生命形式体现出来。

我回想起了在我开始研究星空，希望找到更有效的方式去探索宇宙最核心的秘密之前的童年时代，我在泥泞的、腥臭的池塘里找各种奇怪的小生物的经历，难道最大的谜团就藏在水里的蜻蜓幼虫身上？

第 3 章　宇宙不是数学化的

> 与时空相比，我们至少有一个优势。我们会
> 思考时间和空间，但时间和空间是否会考虑我们，
> 这是非常值得怀疑的！
>
> ——约翰·考珀·波伊斯（John Cowper Powys）

物理学家，尤其是像我一样的理论物理学家，总是会遭受柏拉图情结的折磨，我们经常惊讶于数学能够多么高效地被用于描述世界，我们也很高兴将这一点告诉我们遇见的所有人。根据数学规则对世界进行理论构建，简单和美是主要的指导原则，结果，不仅再现了人们已知的内容，而且产生了全新的、令人惊讶的内容。物理学的理论研究通常是用数学理论来理解世界本身，物理学第一项重

大的成功发现在于，牛顿以数学的方法，将天体的运动与苹果掉落在地上联系起来。这种发现不仅满足了牛顿的好奇心，而且也成了为后来数百年的科技发展奠定了基础的实用理论。相对论和量子力学用更先进的数学方法，成功描述了我们在自然界观察到的内容，并预测我们的实验结果。我们在事物内部发现的所有粒子物理学能解释的东西，都可以成功地转变成数学化的内容，无论它看起来有多么高级和先进，其特点仍然非常简单。我们遇到这样的情况，就很容易将数学当作完全独立化的学科，不然它为什么那么有效呢？

按照哲学传统，这种世界观被称为柏拉图主义，对于那些有宗教信仰的人来说，这并不难理解。自然法则的概念已经包含了人们应该有的思维方式，自然被迫遵循了自然之上和之外的某人或某物确立的法则，换言之就是上帝，这位上帝痴迷于数学，并掌管着一切事物间的联系。先前的多个世纪里，许多物理学家进行物理研究的驱动力就是揭示上帝的旨意，以自然的首字母 N 取代上帝，其实质也没有多大的改变。

对我的一些同行而言，即便他们永远不会承认，数学仍然扮演着这种宗教性的角色——不一定是以任何明确的神圣工具的形式，而是完全以其自身的形式。许多人可能在数学所谓的独立存在中找到安慰，就像是宗教人士对上帝和天国的态度和观念一样。人们可以将对上帝的信仰或怀疑，比作是对超常的柏拉图式数学理念的信仰或怀疑。在所有这些案例中，都没有任何好的经验证据证明它们声称的内容。根据数学和美在不同领域所起的不同作用——虽然我不能将我的观念植根于任何科学研究上——我推测，与生物学家相比，信仰宗教的数学家和物理学家（尤其是天文学家）更多。

多元宇宙论

马克斯·特格马克（Max Tegmark）是一位活跃于美国的瑞典物理学家和宇宙学家，跟我一样，他也出身于瑞典中部的达拉纳省（Dalarnas län）。多年来我跟他进行过多次有趣的探讨，很明显，我们在对宇宙的看法上有许多地方是一致的，我们都认为，世界比科学仪器迄今为止所探索到的要更广袤，更多元。

我们能控制的那一小部分宇宙，从我坐在其中写书的房间，延伸到银河系的诸多恒星，再到我们能观测到的所有星系，一直到宇宙的边缘，这距离有多远？那得看情况。如果我们尽可能地追根溯源，我们会发现，宇宙的基本辐射型构造形成于138亿年前，这一构造中心的光刚开启旅程时，它们距离我们只有4000多万光年，不过在过去的数十亿年中，这些结构已经演变成诸多星系，经过宇宙膨胀，现在距离我们近500亿光年。我们现在无法分辨那些星系的模样，不过我们有理由相信它们与我们附近的那些星系并没有太多不同。

虽然宇宙已经很广袤了，但我们没有理由认为它不会继续扩大，很可能在我们已知的宇宙范围之外还有更多的星系和恒星。当然，也可能有一些未知的现象从未出现在我们的宇宙中，但这些现象的规则可以预期是相同的——包括粒子物理学方面的基本定律。我们并不清楚自己能走多远，除非有全新的事物出现，而我们也达到了某种极限为止。这有点像电脑游戏《无人深空》（*No Man's Sky*），在这个游戏里，你可以在一个看似无穷尽的世界里不断进行探索。

但如果你走得足够远，那你可以合理地推测自然法则最终也会改变，我们现在错误地认为是普遍化的自然法则也会发生根本的变化。当然，要真正进入外星世界真的很难，如果那里的自然法则与地球不同，那么构建你身体的原子可能会自然消散无踪。

在历史发展过程中，人类总是发现，世界比他们之前所认为的要更广袤，更多样化。过去，航海家发现了新的海域和新的陆地，最终绘制了整个世界的地图；我们现在知道，银河系之内还有无数行星，宇宙究竟是什么样，究竟有多么广阔，现在仍然不清楚。

我们总是将自己认为目前已经非常了解的宇宙空间，和目前还只能推测的宇宙空间区分开来，这就是多元宇宙论盛行的理由。有人认为，宇宙只是更广袤的多元宇宙的一小部分，而这个多元宇宙还有待我们探索。重要的不是这个多元宇宙的各部分是否是完全不相干的，是否对应着不同的宇宙空间，或者它们本就是相互关联的，重要的是，它比我们所知的要广袤得多。这种思维方式遵循了一种古老且相当成功的地理推测传统，其目标就是探索真实世界究竟有多大。

多元宇宙论也许也能解释为什么宇宙是我们现在所知的模样。毕竟，很奇怪的是，自然法则居然如此精准协调，使得恒星、行星、生命以及像我们这样有思想的生物共同存在。有观点认为，任何事物都是由于某种形式的意图而形成的，也有观点提出，宇宙，或更确切地说是多元宇宙，是如此广阔，以至于作为纯粹偶然性的结果，其形成条件应该至少从某些方面而言恰好是合适的，这种观点类似于我们看待地球是一个非常适宜居住的星球的观念，这里说的不是关于有更高级的力量刻意调整地球的轨道和构成，而是说明了宇宙中有许多行星。我们只是生存在一个条件恰好适合生存的星球上。

这些理念的某些支持性法则来自弦理论，这是一种将已知的物理学的不同部分统一起来的理论，化解了引力学和量子力学一般理论之间的矛盾冲突。在这种统一化的过程中，使用了各种数学方法，似乎或多或少，不可避免地会有比我们能够观测到的更多的空间维度出现。从严格的理论角度而言，推测除了地球的自然法则之外还有其他的自然法则，也许还有一种多元宇宙论将这些不同法则联系在一起似乎也是合理的。到目前为止，我们并不真正理解数学，关于这一点，我们也没有其他有效的方法。正如历史早期，观测到的新事物与巧妙的实验，可能能够决定什么时候出现真正重大的进步和发现，也许这还能揭示出我们所不了解的谜团的重要组成部分。

马克斯和我都认为，这种多元宇宙的存在并不是不合理的，问题在于，马克斯并不满足于此，认为宇宙中除了地球之外，还有更多美好的世界存在，并不只有他是这样认为的。

量子力学的共存世界

物理学中最奇怪的内容之一就是量子力学，它表明，宇宙在特定时刻的状态并不是独特的、固定的，而是多种不同的可能性的叠加产物。我们通常不需要太过关注这一点，但对这世间的小粒子而言，这就是日常体验的一部分，绕原子核运行的电子不能说是处于某种特定的位置，而是以特定的方式运转，是一种运动的"波"，这对我们理解原子的构造相当重要，人类进行过的所有实验都证明了，这也是宇宙的运作方式。

因此，物质具有一种双重特性，有时候表现为"波"，有时候表现为"粒子"（波粒二象性），量子力学就是阐述这种"波"和"粒子"之间的关系的学科。你大概可以说，当你不关注某事物时，那它就是"波"，当你关注它时，它就是"粒子"。"波"描述了存在的各种可能性，只要用一种测量手段，你就能发现这些可能性。所有其他的假定推测都消失了，只剩下了真正发生的事。"波"可以产生这样或那样的结果。

重要的是，我们要认识到，只有使用了测量手段，才能做出选择。波的性质很重要，可以导致一系列现象，这些现象在处理单个粒子的时候就能观测到。只有在用量子力学解释大物体的时候才会出现问题，大物体是由小粒子构成的，所以我们可以合理地推测，量子力学也适用于大物体，例如，猫。在一次著名的思想实验中，埃尔文·薛定谔想象了一只这样的猫，它既是死的，也是活的，这一现象出现的理由在于，猫的死活与某个原子核是否衰变有关，如果原子核没有衰变，那么猫就是活的，而一旦原子核衰变了，猫就会是死的。由于原子核可以随时切换衰变和未衰变两种状态，因此猫也会同时切换两种状态，这一切都发生于一个假定的盒子里，只有我们打开了盒子，才能看到猫的状态，猫究竟是死的还是活的？量子力学认为，这两者都是存在的——只有打开盒子你才能知道。这么诡异的事情跟现实世界有什么关系？

很长一段时间里，上述现象的神秘之处在于：在实验可能产生的两种结果之间，人们何时做选择？或者，用更数学化的术语来说就是，"波"什么时候会"崩溃"，转而围绕着真正得到测量的最终结果呢？我们已经为解决这个问题提出过许多建议，一些人，如丹麦的物理学家尼尔斯·玻尔（Niels Bohr）提出，人可能不必要担心这种事情是怎么发生的，大的物体和小的物体是有差别的。你将想要研究的系统连接到巨大且笨重的，与量子力学无关的测量设备上时，那就会导致系统崩溃。如果你只按照量子力学的规则，那你就会得到与真实世界相符的预期结果，你还能要求什么？"闭嘴并计算"是你通常会说的口头禅。这种解释量子力学的方式仍然很流行，通常被称作"哥本哈根诠释"——因为玻尔是在哥本哈根工作。然而，有一个原理问题，随着实验技术的改革，最终成了实际性的问题，那就是，人们应该怎样区别大和小呢？

还有些物理学家和哲学家持有一种更不可靠的观念，认为"波"的崩溃与干扰物体选择的观察者意识有关。也有一些人一直在找寻新的可能导致"波""崩溃"的物理过程——也许与量子力学有关。现在，大部分物理学家可能都认为不需要寻找，物体只要足够大，"崩溃"就会自动发生，这种现象出现的理由很简单。一个包含有一些小电子的系统可以很容易就跟周围环境隔离开来，但像猫这样的大物体，那就很难，它们总是在跟宇宙的其他部分不断进行交互，在实践中，无论我们做什么，宇宙都会按照自然法则运行。这样，就有了一种从微观世界到宏观世界的过渡。

从根本上而言，现代物理学——包括量子力学和引力学——跟古典的物理学没有差别。确定了物质的初始状态，那么我们可以根据自然法则来推测和预计物质后续的状态，无论就牛顿力学还是量子力学而言，这一点显然都是真实的。有时候借助波函数描述的量子状态，在确定的薛定谔波动方程的帮助下随时间流逝而发展变化，只有我们确定了衡量标准时，我们才需要引入概率的概念，而决定论[①]会失效，这理由很切实，为了探索衡量标准，我们必须将物体与外部世界隔离开来，重点关注该物体，如果将物体与周围环境相联系，就会导致该物体系统信息泄露并丢失，这样，就会产生其他的可能性和机会。如果我们不再衡量什么事物，那么我们对宇宙的量子力学描述就会是完全决定性的。结果，我们就要付出这样的代价，即在我们的模型框架之内，什么也不会发生。

所以，将物体与外部世界隔离开来，就会出现一种令我们满意的画面，我们测量的情况会得到如实反映，应该不会有太多需要补充的。但有很多人就是不能接受这一点。数十年来，量子力学令物理学家们感到困惑，也许更令哲学家困惑，我们似乎难以放弃这样的观念，就是这个世界还有什么全新的、未知的东西还有待我们探索。如果你一定要避免与"崩溃"有关的问题，那么一种简单

---

① 决定论，一种认为自然界和人类社会普遍存在客观规律和因果联系的理论和学说。
　　——译者注

的方式就是否认它确实发生过。站在局限性观念的角度，测量并摧毁"波"功能是不实际的。事实上，根本就没有什么选择。这是美国量子物理学家休·埃弗雷特（Hugh Everett）在 20 世纪 50 年代提出平行世界（有时也称多元世界）诠释时所包含的内容，按照这种诠释，根本没有谁选择谁，但一切就自然发生了。每时每刻，历史都会分裂成不同的版本，代表着量子力学允许的所有可能性。你所属的世界一点也不特别，这个宇宙中还有许多个其他的世界，其中也有跟你一样的人，认为他们所属的世界才是真实的，没有谁对，也没有谁错，每一个世界都是同样真实的。要注意，这跟我们之前所认识的宇宙无关，多元宇宙论认为，唯一真正存在的世界，比我们迄今合理认为的要大得多，也更多样化，这种观点是很合理，很保守的。从另一方面而言，平行世界的假设认为，我们自己以及整个多元宇宙的历史每时每刻都在分化，所以，所有可能发生的事情都会发生。

这听起来很奇怪？也许吧，但重要的问题在于，多元宇宙的理论模型是否准确描绘了现实。许多人都认为，这是一种比哥本哈根诠释更好的理论，至少组织你的思想并精确计算是很实际的。然而，问题在于，在现实的世界里怎么可能存在多元宇宙？

那些声称相信平行世界的人，毫不质疑宇宙是如何构思和创造各种可能的故事的，这的确是使猫生和死的原因，但却不是使其在同一个世界同时生和死的原因。另一个奇怪的地方是，人们声称没有选择，而所有的一切仍然以平行世界的形式继续存在。在这个真实的世界中，猫就是死的，而在另一个同样真实的世界中，猫就是活的。

我们理论物理学家有权声明各种荒谬现象的合理性，并给人留下这样的印象，即我们是唯一理解这些现象是如何真正起效的人，从而避免人们的质疑。有时候这可能是真的，但关于平行世界，这听起来真的令人不敢置信。

平行世界理论的核心问题在于，究竟什么才是真实的。我们使用的数学工具，是我们用以做预测的模型的一部分吗，还是它们代表着独立存在的某种事物？你研究问题的方式决定了你做出的结论。如果你认为数学理论是独立于我们之外的真实存在，那么将波功能运用到这里并承认平行世界的存在就很简单。如果你跟我一样，认为物质化宇宙独立于数学公式而存在，那就没有理由认为，这宇宙中还有其他世界存在。

我们再来说说马克斯·特格马克，对于他和跟他有同样想法的人而言，平行世界是真实存在的。他将地理学上的多元宇宙用一种单一的度量衡单位统一起来，这美吗？

无论如何，这是一种受欢迎的理念，吸引了许多人，并在流行文化中产生了共鸣。在许多人看来，在平行世界中，物理学有机会提高其名声。物理学声称，没有来生，没有意义，只有德谟克利特过时的原子，它被控化解了人们对世界的幻想。通过平行世界的理论，物理学为我们提供了一种逃避这个狭隘且拥挤的现实世界的途径，从而激起了希望之光。如果你的梦想在某个平行世界空间能够成真那会怎样？令人开心的是："相信它们，你就能得到救赎！"

就我个人而言，我觉得恐慌。据称，物理学家约翰尼斯·开普勒（Johannes Kepler，1571—1630）听到乔尔丹诺·布鲁诺（Giordano Bruno，1548—1600）说，这宇宙中有很多个世界，而每一颗恒星都是一个太阳，他被吓到了，我能够理解这种惊悚感。坦率地说，害怕不是我们相信除了地球之外再没有其他世界存在的理由——自然世界中有很多真实且令人惊恐的现象能让人做噩梦，不仅仅只有黑洞。但我的恐惧与这种不同。

我几乎每天都要收到很多关于物理学问题的邮件，我的学识还远不足以让我完全解答这些问题，这也是人们可能一直认为我不讲礼貌的理由。但是，几年前，我收到了一封不同寻常的信，引出了一次争论。寄件者是一位读过马克斯的书的女士，平行世界的概念让她觉得欣喜若狂。

这封信让我们非常困扰，我和马克斯只是觉得好玩的想法，她却将它当了真。

对她来说，这确实事关生死。她尤其关注的是量子力学自杀的思想实验。想象你在玩俄罗斯轮盘赌的游戏，你用转轮手枪对准自己的头部，这把手枪里你只装了一颗子弹，一旦扣动扳机，你很有可能就此死去。你转动了转轮，再试了一次。你可能会幸运，但子弹迟早会打出来。如果平行世界的理论确实是真的，那你会怎样？每时每刻你都会分化出不同的复制版本，无论你尝试多少次，这些复制版的你总会有活下来的，其中一个可能就是你自己——不然，你就是根本不存在的人了。这一理论遵循古希腊哲学家伊壁鸠鲁（Epicurus）的这种理论，即死亡就是我们不存在，我们存在了就没有死亡。那么为什么不把握住机会试试看？诚然，会有无数个世界，绝望的亲人们会在那里找到你的尸体，但你又在其他的世界中活着。而且，确实，你也没有理由去玩俄罗斯轮盘赌的游戏——我们玩的游戏都是不危及自己生命的游戏。平行世界的理论提出，从你自己的角度而言，你将绝对会活得尽可能地长久，如果你有机会活两百年、一千年，甚至一百万年，那你就能活这么久，如果你有一点点机会不死，那你就能获得永生。

写信的女士想要知道，这一点是不是真的。为了让她平复心情，她需要有说服力的论据来解释为什么不可能有平行世界。有无数世界还是一个世界的选择不是她能轻易做出的。我给这位急切女士的回信包含了两个部分的内容，第一部分就是建议她不要太过认真对待像我和马克斯这样的人。物理学家们对人类现在还不能掌握的现象的争议就表明了，我们对此毫无概念。试图解释最终与物理学有关的问题的哲学家，通常也提供不了有用的信息。由于我对如此贬损自己权威的内容不太满意，我还增加了一些没有严格根据的内容，解释我的观点为什么是对的，还告诉她，我当时正在写一部关于这个主题的书。我希望她能够耐心等待我的信。

如果我们都认为，量子力学理论认为的平行世界是真实的，那这个世界会变成什么样？我肯定情况会变得非常糟糕，给我写信的女士的观念就是对的。人们将失去立足之处，结果，我们的文明也会消失。讽刺的是，那些相信平行世界的人，仍然能从这样一种理念中找到慰藉，即这些平行世界中一定有这样一个世界，人们不相信上述的理论是正确的，因此可以如常继续生活。

物理学终究是研究真实世界的学科，其中有些理论是正确的，有些理论是错误的，可能我们永远也不会知道，宇宙中究竟是只有我们这一个世界，还是有许多个世界，哲学家们永远可以站在相对的立场相互争论。就我而言，我认为这种观念差别对我们至关重要，因为我们是血肉之躯。如埃德蒙德·胡塞尔（Edmund Husserl，1859—1938，德国哲学家，20 世纪现象学学派创始人）这样的现象论学家很久之前就提出过解决这种难题的可行方案。仅仅认识到二元论是站不住脚的，我们的所有思想观念和构建的各种模型模式——包括科学本身——都是具体化的，这是不够的。我们所属的这个世界本身，不仅存在于意识观念里，也有自己的表现形式。我们用身体感官直接感知到的世界，是确实有形的真实存在，我们构建的世界模型、仿制品，以及关于世界的记忆，与真实的世界是不同的。法国哲学家莫里斯·梅洛 – 庞蒂（Maurice Merleau-Ponty，1908—1961）认为，真实世界的本质与我们想象的不同。早在人类对世界进行任何数学化建模之前，人类就有了一种基本的观察认知，为其他的一切探索发现奠定了基础：世界是真实存在的。

现在，让我来告诉你，柏拉图主义是行不通的——至少如果你将自己的世界观植根于科学方法之上，这是行不通的。

都可以用数学方法衡量？

根据最基本的柏拉图主义理论，物质受数学规则的支配，而这些规则存在于物质化宇宙之外的思想世界中，这样的世界观从本质上而言是二元化的，并以一个独立于世界之外且控制世界的人的视角为前提，这与宗教世界观是完全一致的，认为上帝就像一位伟大的数学家，制定了自然法则。人，或至少是经过数学训练的物理学家，独立于世界之外，试图理解上帝的思想，信仰柏拉图主义的数学理念，就像信仰上帝一样。与这种观念相反的合理的观念并不总是有效的，如果你喜欢数学，又无法真正接受二元论，你就可以像马克斯一样，将物质丢在一边，完全依赖数学，这就导致产生了一种更严格的柏拉图主义观念。

当我们考虑与日常生活相去甚远的粒子物理学和量子学科中的现象时，一切都可以以数学规则衡量这一点似乎很诱人。我们用来描述粒子和场①活动的语言，使用与日常的直觉相违背的复杂数学观念。我们在物理学中接触到

---

① 场，物理学术语，指某种空间领域，其中具有一定性质的物体能对与之不相接触的物体施加一种力。——译者注

的概念——如夸克 [1] ——完全由数字决定，而夸克对应的是真实存在的东西，因此按照这种推理，现实就只是数字。但如果我们考虑到一些更容易理解的现象时，极端的柏拉图主义就会行不通。我们以行星运行轨道为例来说明，行星的运行轨道为什么是椭圆形的？关键在于，当你将行星的运行轨道与你认为的椭圆形相比较时，行星的运行轨道不仅像椭圆形，从具体的、物化的意义上而言，它就是椭圆形。这是否意味着描述行星运行速度和位置的数字真的存在于空间里？它们以哪种单位表示，以哪种坐标系体现？

电磁学也是一种很不错的例子。一个复数包含了实部和虚部，虚部与 −1 的平方根成正比，用字母 i 表示。在数学中，任何实数，无论是正数还是负数，其平方都是正数（或零，是实数零的平方），然而，从上述定义得知，$i^2 = -1$。在交流电中，复数起了很重要的作用，电流相位，或称电压，由数字上带有箭头的复数来表示。这不是特别高等的数学或物理学现象，而是我们常用的科技的一种组成部分。难道这意味着当你打开电灯开关时，就会出现 −1 的平方根？如果你选择不用这个想象的 i 来描述发生的现

---

① 夸克，目前已知的构成原子的最小粒子。——译者注

象（这也同样有效），这是否意味着这种类型的数学方法就不存在？如果你将数学看作是描述世界的工具，那这些都不会特别奇怪，但如果你将世界本身视作纯粹的数学，那就很荒谬。

美国伟大的哲学家威拉德·奎因（Willard Quine，1908—2000）和希拉里·普特南（Hilary Putnam，1926—2016）提出了所谓数学化事物确实存在的论点，他们的看法是基于他们认为可以导出数学化事物存在这一结论的两种理论。

首先，促进得出科学理论必不可少的一切也是真实的。

其次，数学是科学理论所必需的。

因此，他们得出结论称，数学化事物确实存在，简而言之，这就是他们观点的全部内容。重要的是，在这一观点中，"存在"这一词的含义很切实，从某种意义上而言，它被用于描述独立于我们观察者而存在的事物。按照奎因和普特南的观点，人们可以得出结论称，数学化事物存在于人类出现在地球上之前，甚至可能出现于宇宙诞生之前，这就是过时的柏拉图主义观念。

这是一种必然的结论吗？奎因和普特南的观点所依据的两种理论都遭到了质疑。也许最极端的可能就是质疑第二种理论，声称不用数学也可以进行科学研究——正如美国哲学家哈特里·菲尔德（Hartry Field）1980年所提出的那样，那时他认为，数学虽然有用，但纯粹是虚构的。这种观点合理吗？

假设你正在观看一场足球赛，一位球员面对球门右上角，正要把球踢过去，他应该用多大的力踢球，应该朝哪个方向踢？最佳的速度应该是多少？作为物理学家，我会用牛顿力学法则和我的数学能力来解决这个问题，我需要考虑球的质量，及其质量分布。球是怎样运转的，它受到了多少空气阻力？顺便说一句，球场上风是不是有点大？这是我必须要考虑的另一个问题。如果要真正进行计算，问题就会变得相当复杂，我做梦也想不到，大学的基础力学课程中会出现这样的习题。

我们还没有真正开始计算，甚至还没有写下任何方程式，球员就已经做出了决定，把球踢了出去。如果他技巧高超，那么球很可能会命中球门。然而，观看比赛的人不会对我们可能持续好几个小时的计算过程得出的结果感兴趣。

要研究球的运行轨迹这样的问题，数学真的是必不可少的吗？这似乎并不必要，因为你擅不擅长踢球与你是否获得大学的数学或物理学学位几乎没有关系。不过，也许我们不需要数学这种观点就是一种错误。球员在经过长时间的训练之后，会无意识地在头脑中进行数学计算，这种脑回路随着年龄的增长而不断进化。是不是不只有我们的足球运动员，还有每一种要处理移动物体的生物，如燕子捕食苍蝇，都要用到如牛顿在 17 世纪时创造的理论？

你可能会辩称，数学对物理学家是必不可少的，但对足球运动员和燕子来说则不是。不过，你怎么能确定，数学只是物理学家必不可少的，而足球运动员和燕子不需要用？为了回避这个问题，你可能试图辩称，踢足球和科学实践是不同的。评估科学的一种流行且合理的方法是，检查你使用的模型与现实相比的有效性和成功性，以在球场上踢球为例，技巧高超的足球运动员似乎可以毫不费力地进行一系列的高等运算。

当然，你也可以说，这是一种局限性很大的特殊案例。认为数学是必不可少的观点指向的是更普遍化的情境，当然，如果你想要绘制行星的运行轨迹图，或者黑洞周围的状况图，不用数学是不可行的。不过事实真的如此吗？基本上没有什么能阻碍外星生物的存在，他们在不同行星和黑洞之间来去自如，就跟足球运动员在球场上一样自在。在美国电视剧《星际迷航：发现号》（*Star Trek: Discovery*）中，"发现"号星际飞船有时候会遇到太空鲸，或称巨鲸，它们会吃掉恒星风[①]中的 α 粒子。这样的生物能够具备什么样的能力来应对奇特的物理现象呢？由于牵涉到数学的不可取代性的问题，这样的生物是否真的存在就不必考虑了，考虑后者的可能性本身就让人怀疑这种假想的合理性。

我们还可以问，在实践中，物理学定律是怎么影响球到球运行过程中的运动的？大自然，无论你用其他别名称呼它，是否进行了快速运算来确保球选择了正确的轨迹？数学对大自然来说也是必不可少的吗？一种更合理的观念是，行星围绕恒星运转，燕子捕捉苍蝇，球员把球踢进球门时，根本就没有什么数学规则——数学根本不是其真正含义的概念。只有可怜的物理学家试图弄明白这些现象时，数学知识才会出现在他们的头脑中。

现在，为了便于论证，让我们根据奎因和普特南的观点，认为数学是必要的，这难道意味着数学存在于真实的世界中？如果你询问真正使用数学的人，不是这样的。例如，我们可以将一种更具体化的数学概念视为无穷，它存在吗？从物理学角度而言，无穷通常让运算更简单，例如，如果要描述深水区域的波浪，我们可以假设水深是无

---

① 恒星风，恒星表面发出的带电粒子流，是恒星质量流失的一个原因，在所有恒星中普遍存在，但速度和强度差别很大。——译者注

穷的，其实描述波浪，水的深浅根本没有什么不同。当然，事实上，水的深度并不是无穷的，只不过在数学运算中，假定它是无穷的更方便一些。物理学家很懒，使用的数学模型也是尽可能简单的。"假想有一头球形的奶牛"是一句经典的话，用来取笑那些试图太过于追求简化的人。

到目前为止，还不清楚是否可以说，数学概念的存在是基于它们的有用性。旧的数学概念被全新的概念取代是怎么回事？旧的概念突然就不存在了，数学世界也变了个模样？重点在于，无论我们人创造出了怎样的新概念，旧的数学概念都会存在。

数学是如此，我们所称的自然法则也是如此。

根本就没有自然法则

学习物理的时候，你首先学到的是，这世上有自然法则。事物不能随心所欲，其运动会受到不断的约束，被迫遵循某些既定的法则和原理。纵览科学史，有许多传说和预言与此相关。即便是不太相信宗教的阿尔伯特·爱因斯坦（Albert Einstein）在表达对量子力学的不确定性时，也以"上帝不玩骰子"来逃避问题。

但是自然法则，就跟数学一样，是我们对世界的描述方式，根本不是独立于我们之外的存在，这与任何一种主观性的相对主义论无关。我完全明白真实世界的客观性，认为探索真实世界是一项有意义的职业——我甚至以此为生，构建模型，尽可能模仿宇宙的运作方式，正是在这样的模型中，自然法则才发挥了其功能。宇宙并不受我们所称的自然法则的支配，相反地，我们是根据宇宙的运作而构建了自然法则。

我们可以苹果落地为例来说明。在牛顿力学中，没有力的概念就什么也做不了。没有力的概念，我们很难，几乎不可能理解所发生的事（苹果落地），尤其是重力。地球重力牵引着苹果，使它越来越快地掉落到地上。我认为，在这种情况下，奎因和普特南也不得不承认，重力是的确存在的。即便是如今，修建桥梁和宇宙飞船的工程师们也会出于这一简单的理由而运用同样的公式进行运算：因为它们有效。但这并不是说，所有这些力和相关的数学知识就独立于我们之外存在于这世间。

具有讽刺意味的是，在广义相对论中，引力不存在或多或少是一条公理，是一个不可动摇的起点。苹果落地不受任何引力的影响，但遵循广义相对论的扭曲时空，这正是广义相对论的精妙之处。苹果落地是因为它慢慢地遵循时空的曲率，而不是因为受引力影响，根本就没有力。

牛顿声称，这世间是有重力的，但爱因斯坦却认为没有。爱因斯坦的理论跟牛顿力学一样成功，同时提高了判断的事物的准确性，如果全球定位系统（GPS）要精准定位，那么首先这一点是必须的。未来的物理学家们可能能找到更有效的理论。为什么会那样？答案很简单。法则和数学理论可以发展，变得跟以前不一样，因为它们存在于我们的头脑中，既存在于牛顿的头脑中，也存在于爱因斯坦的头脑中，还存在于你的头脑中。大自然不需要物理学或数学知识来计算苹果怎么落地。苹果照常落地，而我们对这一现象的理解会随着时间推移发展和改善。

奎因和普特南的观点，被认为是柏拉图式数学世界里最有力的观点，但它似乎不太令人信服，数学存在于我们的头脑之外，独立于我们而存在，这样的观点似乎没有什么理论支持。无穷这样的概念，就跟其他概念一样，存在于我们的头脑中，与我们在这世间的存在和活动相关，可能也是同样真实的。我们已经证实，数学化的花园里也有蛇。

希尔伯特之梦

19 世纪和 20 世纪之交时，德国数学家戴维·希尔伯特（David Hilbert，1862—1943）提出了一个现在看来仍然很明智的目标，当时这不是非常容易实现的，甚至看起来有点蠢，但总有人要去解决：他想要为数学奠定坚实而稳定的基础。为了能够信任数学，他认为数学必须没有相互矛盾冲突的内容，必须是完整的。在我们科技化的社会中，我们依靠的是功能强大的电脑上的数学算法，我们很容易就会认同希尔伯特想要实现的目标。如果数学本身就不可靠，那我们为什么要让自己的生命依赖于靠数学计算支持的系统呢？

如果你能够证明某种数学理论是正确的，那么数学中没有矛盾冲突的内容就意味着，你不可能同时证明它是错误的。在数学中，没有什么可以既是对的也是错的。如果有什么例外情况，你能够证明任何事物既是真的也是假的，那么，整个数学理论体系就将变成一堆毫无意义的符号。希尔伯特发现，没有矛盾冲突是必要的，但却不满足于此。也有可能存在一些定义明确的数学理念，但无法确定其是否正确。根据希尔伯特的观点，数学肯定没有无法确定其正确性的内容，可以确定其自身理论的真实性。数学是完整的，无需从外面添加任何内容。

完整且没有矛盾冲突似乎是所有数学家的终极梦想和期待。如果你将这一点运用到日常语言或思维中，那这种梦想就会变得极端化。我们按照希尔伯特的观点，认为英语或你喜欢的任何一种语言是不矛盾的，完整的，这就意味着你能够用语言表达的一切一定是真的或假的，可能你还能确定，哪些内容是通过纯粹的思维而得出的。地球围绕着太阳转，这是真的还是假的？巴赫的音乐很动听吗？我的邻居养了一只猫吗？自然语言的重点在于，它描述的是它之外的事物。太阳、巴赫和我邻居的猫（是的，它的确是存在的）是存在于语言之外的事物，它们的属性无法从词语本身派生出来。希尔伯特一定不会认为英语是完整的，不过数学为什么就不一样呢？

希尔伯特把数学视作纯粹的形式主义。通常，数学家所做的寻找证据的创造性行为，只不过是对符号的一种纯粹的、不经考虑的操纵。就像马被拖拉机取代一样，希尔伯特想让数学家们被淘汰。人们不必涉及形式主义之外的任何东西，因此数学没有任何意义。换言之，在语言中，语义一点用也没有，一切都是关于语法的。

罗素悖论

　　最先接受希尔伯特关于数学形式化的挑战的是伯兰特·罗素（Bertrand Russell，1872—1970），他决定，要跟哲学家阿弗烈·诺夫·怀特海（Alfred North Whitehead，1861—1947）一起，写一部关于数学的终极规律的作品，它将消除人们对数字和数学基础知识的任何疑虑，但这个计划注定会失败。早在1901年，他们的主要作品《数学原理》（*Principia Mathematica*）完成之前，罗素发现了一个很严重的问题，就是数学中有一个基本错误，它就像伊甸园里的蛇，惊扰了希尔伯特的梦。罗素担心的事情乍一看是毫无意义的文字游戏，不必要认真对待，但它却会毁掉一切。

　　我们来按照罗素的观点，来看"集"这个概念，集就是既定类型的事物的组合，我们很容易就能在生活中发现相关的事例，因为基本上你能够想到的所有事物都是某种类型的"集"，例如，你厨房里的一堆橘子"集"，我们所知的所有苹果"集"，瑞典的所有大象"集"，或者所有名为伯特兰的哲学家"集"。这世间有各种各样的集，其中许多都可能是空洞的。

定义整数的时候，集被证明是相当有用的。罗素将所有整数划归为有理数的一个小集（原文如此）。借助于这些，他能够以一种严谨的方式证明所有数论定理的正确性。令希尔伯特欣慰的是，一切都变成了纯粹的机械化过程，不会出错。借助于形式主义，人们甚至可以在不合理的情况下证明出 1+1=2。从某种程度上而言，我有理由研究这样的证据意味着什么，我必须承认，我并不觉得它特别有启发性。

不巧的是，罗素偶然间发现了一种令人不安的关于集的悖论，这令他震惊不已，其主要内容是，没有什么能阻止集合包含自身。当然，所有苹果的集合并不包含该集合自身，所有苹果的集合不是一个苹果。论及所有的集合的集合时，情况又不一样了。所有集合的集合，当然也是一种集合，而且相当令人困惑的是，从定义上而言，它也必定包含其自身。我再重申一次，所有集合之集包含其本身。你可能很难想明白这一点，不过这没关系。这一条推论非常简单，足以告诉你这样的"野兽"是存在的，无论在这种条件下"存在"的含义是什么。不过不包含自身的所有集合的集又是什么？现在，一切都乱糟糟的了。

罗素以一种著名的思维实验阐述了这个问题。我们设想某个城市里只有一位理发师，这位理发师的职责是给城里的所有自己不理发的人剃须发，但不包括他自己——这一点乍看起来是理所当然的，不过有一个简单的问题会让一切变得复杂起来，那就是："谁给理发师理发？"让我们测验一下存在的两种可能性。第一种，我们假设理发师自己理发，但这违背了城市的规则：理发师不能自己理发！第二种，理发师不自己理发。这一点也违背了规则——理发师必须给不自己理发的所有人理发！

　　了解了这种思维实验，就很容易想象出其他相似的案例，自由去尝试一下。重要的是自我指涉，你只要简单地按照重要提示去做，你就会发现它们会惊人地自我重复。例如，如果匹诺曹说"我的鼻子会变长"，那你觉得接下来会发生什么？

　　跟唯一的理发师的问题类似的问题，与不包含自身的集合的问题完全相同，只要将"包含"代替了"理发"这个词，你就能发现了。你可能认为，这只是一种无关紧要的文字游戏，但正如我们之前所见的那样，集合的理论是需要重视的。这是这一思维实验的根本所在，它将为整体的数学奠定坚实的基础，人们不能对这一悖论掉以轻心。罗素曾想要找到解决这一悖论的方法，却失败了，我们应该知道，这是有理由的。

顺便说一句，集合理论有可能颠覆我在 20 世纪 70 年代初学得很不错的数学理论。根据现代的新教育学理论，我们应该秉承"与数学和平相处"的理念，学习数学中的集合。通常，学生们需要给不同颜色、不同类型的事物画圈圈，将它们分类。"指出红球的集合！"由于我是色盲，所以我很难知道球到底是红色还是绿色，也不知道手里的球属于哪个集合。

哥德尔（Gödel）使希尔伯特之梦破碎

罗素发现的悖论不能解决问题，只会让情况更糟。1931 年，奥地利数学家库尔特·哥德尔（Kurt Gödel，1906—1978）又使情况更加复杂了起来，他的主要贡献是找到了一种方式，将所有关于数字的数学理论，包括证明这些理论的证据，都转变成数字。这听起来很奇怪，但却导致了令人惊讶的结果，这让数字有了声音，让它们能够表现自身。

这造成了深远的影响，为了理解其深远程度，我们必须使用一种更有效的方式，就是数学家阿兰·图灵（Alan Turing，1912—1954）在哥德尔的贡献之后几年内发现的。图灵算得上是电脑的发明者，他领会了哥德尔的理论，并将这种理论应用到自己的新理论中去，主要就是应用到电脑程序中。图灵设想电脑程序是用于逐位计算 ① 特定数字的，例如，当然，现在有一种程序可以尽可能快地计算出分数 1/7=0.142857142857……，无限循环。（我现在所用

---

① 逐位计算，数学中的一种计算方法。——译者注

的这台电脑上就有这种程序。）小数点后面的这一组数字不断循环，这一点并不令人兴奋，还有些程序能够计算出 π =3.1415926……，这一组序列更为有趣，因为它是不循环的。（当然，我也可以用我的电脑进行这种计算。）一个接一个的数字可以被编入相应的电脑程序中，这些程序执行得出这些数字所需的计算。所有的数字都可以这样吗？我们来看一看。

图灵想象，列出各种电脑程序和数字的清单，非常奇怪的是，他后来证明了，总有些数字不在清单之中，因此一定有电脑程序无法编辑的不可计算的数字。

图灵的电脑研究居然导致他发现了无法计算得出的数字，这一点真是讽刺，而且，这样的数字也很常见。事实上，数学中绝大部分数字都不可计算得出，当然如 1/7 和 π 是极少数的例外。这可能令人感到有点意外，但数学世界满是毫无意义的数字，不能成为任何电脑程序的结果，也完全缺乏有意义的构造，多么浪费！人们同样可以抱怨，我们的宇宙主要是由空虚构造而成的，但抱怨也是无济于事。我们所处的这个宇宙中的地球，可以跟被无限个不可计算的数字包围的 π 相提并论。

这一点与哥德尔有什么关系？上述的推理中有一种危险但却有趣的矛盾。图灵的观点是，借助想象中的电脑程序和可计算得出的数字清单，构建一个新的不可计算得出的数字。不过，找到一种理论去真正计算不可计算的数字不也是一样的吗？这一定有点困难。

底线在于，我们没办法知道，清单上的电脑程序究竟能不能计算出任何数字。计算可以不断继续进行，你甚至不知道它们是否会停止，那么，电脑程序和数字将永远也不会完善。图灵的主要观点是，人永远不可能知道，也无法证明，特定的电脑程序会不会完成其计算过程。这是图灵证明无法解决的"停机问题"，因此也违背了希尔伯特的梦。

再来说说哥德尔，他接下来所做的也跟之前的探索一样奇怪。用一种能够自行证明的形式论，他可以表述出一种无法被证明的定理，他还可以确定，不能被证明的定理就是定理本身！那么，定理本身的内容是：我无法被证明！换言之，形式论指出，它无法满足希尔伯特的要求。我们不用形式论的人都认识到，这种观点一定是真的，因此不可能有任何矛盾。如果这是错的，那么它就一定可以被证明。当然上述说法不可能是对的，我们不可能证明一种错误的理论是正确的。唯一的解决方法就是，一定存在着无法被证明的真实理论，因此，没有什么数学形式可以是完整的。

当然，一种不完整的形式论可以得到补充，但这一点表明，数学中可以做出选择，直观上正确的与品味有关。结果，数学无法独立于我们而存在，要靠我们使用它的方式而存在。

教外星人数学

数学客观存在的一种常见论点是，它似乎是普遍存在的。在不同的文化中，数学本身的发展方式也各不相同，不同概念的形成顺序不一样，一直备受关注且被视为重要的数学领域也不一样。虽然如此，我们也发现，从长期而言，关于对错不可能有争议，有争议的只是用所有人都明白的语言表达出来的观念罢了。

但如果我们遇到了外星文明呢？我们能确定他们的数学知识跟我们的是一样的吗？问题还是在于沟通交流。关于共有的真实世界的一切，我们都可以协商，但我们思想中的概念呢？可能存在着难以或不可能沟通和解释的其他思维方式的选择，尽管如此，许多人可能会认为，数学一定是同样的。无论你是谁，1+1=2 是确定无误的，即便你用了不同的符号，pi 也是 π。

最根本的问题是，我们只能通过操纵我们共同的物质世界来实现什么。我们可以用摆放的不同造型的石头、有节奏的声音和闪烁的灯光来表现我们的数学能力，无论我们做什么，都是要操纵不同的真实事物，就算是在电脑屏幕前操作，也是为了同样的目的。当我们发现了他人的一种潜在行为模式，并成功建立起自己的规则，去模仿这种行为时，我们就可以产生某种相互理解的感觉。

这不一定容易做到，想一想，通常要让别人理解你有多难。作为大学教师，我未能向学生传达数学或物理学方面的重要思想，发现自己没有语言可以表达这些思想的时候，我经常会感到沮丧，我只能暗自祈祷，希望他们最终能够理解我。对我来说，这是合情理的，那为什么对你来说不是呢？我发现，如果在课堂上我能够准确表达出来，那么学生就会理解，当然，反过来，如果学生所说的他们不理解的地方，我也不明白，那大家就都不会明白。那为什么我们会认为，外星人会更容易相处一些——无论我们是老师还是学生？

我曾经试图跟我六岁的儿子解释负数的概念，我不能直接表达我的想法，因此我只能根据我们共同的体验来做比照。钱是一种抽象的概念，即使是年幼的孩子也可以理解它，我儿子那时候每周能得到一些零花钱，时不时地会用这些钱来买玩具。我用这样的事例来开始解释："如果你想要的玩具价格是十五元，但你只有十元钱，那你就少了五元。"他理解了：他不能买玩具。"但如果你又向我借了五元钱，那你就能买到玩具。"这时他看起来很开心，有希望教他理解负数。"那你就欠了我五元，这就是另一种表达方式，你有负五元。"我停顿了一下，让他仔细思考。"10 减 15 就等于负 5。"他理解了这句话吗？也许吧。

如果我们跟其他人的出身背景和体验经历完全不一样，那我们应该怎么做？我们观察外星人的行为，就会试图在我们的心中创建模型来理解他们想要表达什么。我们学习物理的时候，所做的也跟上述情况没有什么不同，我们研究一种物理现象，就会试图创建一种好的模型。唯一的不同之处在于，如果我们观察的是外星人，我们认为外星人的意识中也会有另一种模型，用外星人使用的数学概念来表述。而这种模型我们是不可能知道的。对于那些对这世界有宗教观念的人，以及认为这世界基本上是数学化的人而言，试图弄明白外星人的想法，可能跟通过学习物理揭示上帝的思想相似。

我们甚至难以想象外星人怎么可能存在。我少年时曾是当地电影爱好者俱乐部的成员之一，每一个学期，城市图书馆都会播放一些知名的高品质影片，这些影片通常难以在普通的影院看到，甚至根本看不到。俱乐部的成人们都是城市中的知识分子，成为这一俱乐部的成员让人觉得很特别。一天晚上，播放的影片是苏联导演安德烈·塔科夫斯基（Andrei Tarkovsky）的《飞向太空》（*Solaris*），根据波兰著名科幻作家斯坦尼斯拉夫·莱姆（Stanislaw Lem）的《索拉里斯星》（Solaris）改编。这是一部科幻影片，故事背景地是一颗遥远的行星，在那里，一片奇怪的海洋扮演了重要的角色。剧院里一片漆黑，影片开始了。突然，我们身处于一个未知的世界中，我们盘旋在一处神秘的海洋上空。这种景象很迷人，剧院里鸦雀无声。过了一会儿，有些人开始在座位上不安地移动起来，是声音有问题吗？影片重新开始了，而且还伴随着音乐声，但如果你问我感受如何，看这部电影一点也没有让我受不了。

《飞向太空》中会思考的海洋，体现了我们对另一颗行星上的智能化的存在有多么陌生。如果我们能跟外星人沟通，那我们会跟他们说什么？有的人似乎认为，音乐是跟外星人沟通的关键所在。当我们展望人类文明遥远的未来时，我们可以感到欣慰的是，我们的"旅行者"号探测器在离开太阳系时携带着各种各样的文化瑰宝——也包括约翰·塞巴斯蒂安·巴赫的音乐。2020 年春，旅行者 1号达到了蛇夫座方向距地球超过 21 光时 ① 的地方，再过上几万年，它就会距我们数光年的距离了，也许有一天，某个外星文明会发现我们无价的遗产。无论如何，这是我

---

① 光时，距离单位，指光在真空中一小时穿越的距离。——译者注

们急切想要相信的事情。

音乐品味虽然有共同的主题，但会随着时间推移和文化不同而不同。也许音乐反映了我们的大脑结构，如果其他智慧生物也有类似的东西，那可能跟我们的完全不同，而我们根本无法理解和欣赏。可能巴赫的音乐之美会一直没有外星生物发现，外星人可能根本就不懂这些奇怪的碟片，即便他们刚好会制作音乐碟片，听到音乐，他们也根本听不懂。要想理解音乐，他们必须有人类的头脑。如果宇宙中没有人，那么《勃兰登堡第二协奏曲》（*Brandenburg No.2*）最终也会从我们的宇宙中消失，"旅行者"号上的镀金唱片发出的乐声也会成为毫无意义的。

重点在于，如果人类的数学决定性地依赖于我们的生物本性，以及我们大脑和身体的构造，那我们就无法理解数学的不同之处。

我们以自然法则形式用于模拟世界的数学，根本不存在于世界本身之中。自然法则自然产生，且与我们头脑中反映我们在真实世界中观察到的现象的物理模式相同，我们发现这些模式与世界一致时，我们就认为这些模式是成功的，但不要据此以为数学是一种社会构造。我们使用的数学一点也不专制，但它既不存在于地球之外的柏拉图式理论世界中，也不存在于独立于我们而存在的外部物质世界中，它就存在于我们的头脑中，且也会随我们逝去而消失，从这个意义上而言，它是一种依赖于我们生理特性的生理构造。自然法则存在于我们的头脑中，是我们用来理解世界规则的工具。马克斯·特格马克和其他充满期待的柏拉图主义者都不愿意承认，他们对数学化宇宙的所有期待，都存在于主管思维的大脑灰质之中。数学只是一种短暂的运算过程，帮助我们更好地理解我们自身这种神秘的存在。我们在数学中找到的美好真理，让某些人感受到了某种几乎超自然事物的存在，但这些内容只是我们的局限性造成的结果。倘若有什么智慧生物智力比我们更加强大，脑容量也比我们更多，最深奥的数学定理将被视为单纯的琐事，相当于算盘上的 1+1=2。

第 4 章　模型与真实是不一样的

> 这世界很大，非常大。我的大脑很小，相当
> 小，我的头脑根本不可能容得下这个世界。但是，
> 我们试图用自身去描绘这个世界。
>
> ——雅克·杜波谢（Jacques Dubochet），
> 2017 年诺贝尔化学奖得主，
> 在诺贝尔宴会上的演讲

1988 年的诺贝尔奖颁奖典礼上，粒子物理学家利昂·莱德曼（Leon Lederman，1922—2018）讲述了一位实验家和一位理论物理学家结伴徒步登山的故事，他们迷路了，理论物理学家从背包里掏出了一张地图，他仔细查看了一下，抬起头来，指着远处的一处山巅，兴奋地喊道：

"我们在那边！"

　　将模型与世界本身混为一谈所犯的错误通常更加不明显。然而，通常也是这样的错误，造成了理解新物理学时的障碍，纠正了这些错误之后，那么通往伟大探索发现之途中的障碍就被清除了。当人们质疑模型与真实世界之间的关系时，物理学的突破性发现就产生了。我们必须识别出模型与真实事物不符的方方面面，并让我们相信这些不过是童话故事。了解世界方面的进步不仅在于发现新的现象，而且还在于清理掉不真实的假象，这方面的例子包括了约翰尼斯·开普勒推翻托勒密的本轮论，安托万·拉瓦锡（Antoine Lavoisier, 1743—1794）以氧气替代了以前人们认为存在的燃素，还有阿尔伯特·爱因斯坦提出相对论所揭示的太空规律。牛顿提出的绝对时间原来是一种有缺陷的数学结构，在现实世界中没有这样的时间。通过相对论，爱因斯坦将时间和空间统一为一种单位，即时空，其中时间不是绝对化的，而是由观测者的运动决定的。

　　构建模型不只是科学研究的需要，在日常生活中，我们也总是利用各种各样的模型。有些是潜意识的存在，差不多植根于我们的大脑和神经系统之中。我们走路、跑步，甚至举起水杯喝水时，物体运动的模型就形成于我们的头脑中，从而产生了结果，然后转变成了如何收缩或放松肌肉以实现我们所追求的目标的决定。踢足球，或者朝特定目标扔石头，需要使用更复杂的弹道轨迹模型。

不只是人才构建模型，对所有生物体而言，无论是想要降落到花朵上的蝴蝶，或者是扎根于土壤中汲取营养的植物根茎，都是关于创造环境模型的。无论是本能的反应还是有意识的决策，都是关于模型的。创造一个模型来展现周围世界的相关现象，以便用这种方式适应环境并生存，这正是生物所做的。科学模型的构建甚至还用形式化的数学系统来反映真实的自然世界。事情的因和果被编码成了数学化关系，因而进化为自然法则。我们以前对太阳、月亮和行星等天体运动的观测及发现的规律表明，建立数学模型可能是一种有效的建模途径。

为了准确做出预测，我们不仅需要了解自然法则，还需要了解我们想要明确的系统在特定时刻的模样，例如，现在。这些最初始的条件被翻译为数学语言，并用于导出数学定律。通过输入计算得出结果，我们就理解了即将发生的预测结果，但愿，出现的结果与我们预测的相符。

简而言之，这就是自牛顿时代以来我们看待科学的方式，从某种程度上而言，科学也确实是这样的。

什么是真实的？

我是个现实主义者，我是真的相信，世界独立于我而存在，而且还有关于世界的真相我可以试图揭示出来。我认为，我已经知道的一部分内容是正确的，还有一部分，我也不确定到底有哪些，将来可能会是错误的。这一点并不令我非常担忧，我是个科学家，我习惯了出错，我也必须承认，我职业生涯中产生的大部分观念想法——尤其是最有意思的观念想法——已经被证实没有一点用处。探索真相的途中充满了陷阱。

有很多种不同的现实主义论，科学家们有一种流行的观念，都认为我们的意识之外，有一个完全独立于我们的思想和已有观念的观念世界，这个世界的真实样貌，有且仅有一种表现形式。这种观念许多科学家都承认有，难道这不正是现实主义的确切含义？还可能有别的意思吗？事实上，确实有另外的含义，这也是我们所说的这种特定的现实主义得名的原因：形而上学现实主义。不过，我们对这种立场不能掉以轻心，它对人的影响深远，违背人的直觉，也与我们看待和应对日常生活的方式不符。

如果说世界真正存在的方式只有一种，那么它必须以物理学所认为的构建世界的基本粒子集合的形式存在。形而上学现实主义不允许看待现实的其他方式存在，对基础物理学的全面描述是非常排他性的。我们周围的所有宏观事物都只是任意性结构，这些事物不仅仅包括你和我现在坐的椅子（如果你现在是坐着的话），还包括我写作《世界本身》所用的电脑，以及你手里捧着的书，还有你和我的身体。根据形而上学现实主义，上述的这一切都不是真实存在的，我们认为我们所在的世界只不过是我们自己创造的幻象，只是多亏了物理学的最新发展，我们才最终揭示了真实世界的真实特性，并明确了它是我们从现在开始所需要了解和认识的唯一事物。

　　哲学家希拉里·普特南认为上述的观念纯粹是疯狂的，毕竟，这是许多自认为懂物理的人想要让你明白的。老实说，我也曾多次试图将同样的故事告诉很多人，但最终我还是改变了主意。

　　如果人不想承认形而上学现实主义，那他可能会受到蛊惑，简单地否认现实主义，声称根本就没有客观现实存在，这一切都受到了人所处的文化环境和成长方式所影响，我们称之为态度相对主义。对相对主义者而言，基本的物理学也是根据同样的规则而起效的，因此并没有什么特别的地位。当然，相对主义也有不靠谱的地方。虽然形而上学现实主义者只要想到自己只不过是一堆粒子就觉得沮丧，但一个纯粹的相对主义者（如果真的有的话）则面临着更直接的危险，如从悬崖边掉下去，或者被只不过是社会结构的汽车撞到。

无论是形而上学现实主义还是社会建构主义，似乎都不是很好的理解世界的方法，有没有什么哲学模型，既让人认识到客观的世界，也让人认识到对世界做主观认知的可能？的确有的，普特南将其命名为内在实在论，其核心观念在于，客观世界是可以接受的，但你理解客观世界的方式并不是唯一的。让我们从普特南自己的观念开始，并借题发挥，普特南认为，这世界仅由三种事物组成，为了方便，我们称之为苹果、橘子和香蕉，这些是我们可以使用的唯一构建材料。世界上只有三种事物，这似乎是一种不争的事实，对吧？这难道是这个小世界被定义的方式吗？不一定。没有什么能阻止我们两个一组或三个一组地采摘它们，并将它们视作是附加的构建材料，如果我们这样想，我们就会有七种事物要处理，除了苹果、橘子和香蕉，我们还有苹果—橘子集，苹果—香蕉集，橘子—香蕉集和苹果—橘子—香蕉集，这个世界上发生的一切都可以上述这种模式来表达和理解，有没有三到七种不同的构建材料，一切由你决定。但如果你选择并坚持了一种规划，那就会产生一些关于世界的特定描述，从客观上而言是真实的。

我们想要认识真实的世界时，也是如此。世界本身可以是由基础物理学的构建材料，如原子和真空这样的事物构成，也可以是由如椅子、书和人这样的日常事物构成。从根本上而言，我们并不否认现实主义，但是在内心深处，在我们的意识之中，我们可以选择以不同的方式去看待世界，这当然很棒。

这些方式有优劣之分吗？当然有，不过这是根据你的身份、位置和你的目标而决定的，不同的人对世界的概念当然是不一样的。如果你学习了物理学，那你就会有全新的看待世界的方式，你会发现，物质中有许多小而不可见的粒子在不停地运动，你仰望夜空，你看到的不只是闪烁的星光。如果你跟我一样，从小就对物理和科学感兴趣，那你就会惊讶地发现，并不是所有人都按我们这种方式看世界的——即便他们接受了其他学科的高等教育也是如此。虽然有这些不同之处，但我们人类仍然有许多共同之处，我们使用的许多现实模型都是遗传得来的，深深植根于我们的头脑和身体之中，或是根据日常生活体验而构建的，即便不完全一致，但在许多方面都是相同的。如果事实并非如此，那我们就不能跟彼此沟通交流，而进化论也会成为巨大的败笔。

内在实在论的好处在于，它将真实存在的世界与人们对其的描述方式区分了开来。科学的目标就是提供高效可靠的，能用于对世界本身做出有效预测的模型。所有的科学模型都是初步性的，都有改进的空间——不仅在量化预测方面，而且在概念证实方面都有，正如我们所见的那样，从牛顿力学到一般相对论的进步就是这样的案例之一。牛顿发现了苹果落地和月亮围绕地球转这两种现象都是受到了重力吸引所致，爱因斯坦则否认了所有重力的存在，并转而声称一切都是时空扭曲的结果，颠覆了牛顿的理论。这种概念进化让人认识到，科学总是在不断推翻之前的理论模型，让人重新认识世界。至少如果你是一位形而上学现实主义者：再次犯错之后，一切都回到原点，重复不断。牛顿的理论被证实是错误的，爱因斯坦的理论取而代之[①]，换言之，人永远不能相信科学。内在现实主义者看待这种情况的方式不一样，并认为科学就是按本应起效的方式起效的。

这时候，介绍本体论和认识论两种概念可能是有用

---

① 编者注：牛顿的理论对宏观低速物质的运动规律依旧有效，但并不适用于微观高速物质的运动规律。

的。粗略而言，本体论就是介绍真实存在的事物的理论，如果引用康德的话，就是"真实的事物本身"。从另一方面而言，认识论是关于我们真正了解的内容的，是一种更以实际为导向的领域，更贴近真正的科学。你可以测试你衡量的事物，但你永远不会知道这些事物背后的内容。

从科学的角度而言，人们可能很容易认为本体论是没有意义的，你只需要关注能够被衡量的事物，如果真有那么简单就好了。我们思考世界，用我们的经验和创意培养我们的理解能力时，在我们的思想深处，很可能会形成一种独立存在的现实的概念，是我们想要去探索的。如果不能拥有它，我们不会感到满足——如果我们不想变成完全的相对主义者的话。内在实在论的重点在于，它接受现实世界的存在，就是世界本身，其中的一切都跟本体论有关。我们作为科学家，作为人，作为生物，我们所做的就是要征服我们直接面对的世界的各种模型。我们不能将世界装入自己小小的头脑之中，但我们可以尽可能地培养对世界的认知。

现实的模型

模型与世界本身之间的差别是巨大的，但通常无法在实际中保持不变。物理学家们通常以一种令人不解的、误导性的方式探讨他们的现实模型，数学结构只不过是中介工具，没有实验性的意义，只是因为在一种成功的理论中的重要作用，而被误认为是真实的。许多有这种观念的物理学家对世界的认识相当幼稚单纯。

有时候，理论模型得到了实验和观测的支持和认可，我们完全可以说，数学概念与存在的真实事物是完全相对应的，这方面的绝佳案例来自粒子物理学。夸克的概念是美国物理学家，诺贝尔奖得主默里·盖尔－曼（Murray Gell-Mann，1929—2019）在 20 世纪 60 年代时提出的，并由俄罗斯裔美国物理学家乔治·茨威格（George Zweig）独立发展形成，目的是为了便于描述除了质子、中子和电子这些人们所熟悉的粒子之外，还有数量不等的新粒子的运转模式。它以一种非常美的方式起作用——没有人能否认我们使用的数学的力量。尽管如此，那时候，这样的观念——某些构建材料比其他的构建材料更为根本——并不太流行，它感觉很过时，太让人想起古希腊文明了。我们真的没有变得更成熟吗？许多物理学家都期待有更加复杂和大众化的东西，其中用于实验的所有粒子在某种程度上都是相互组构的。他们的这种想法虽然很美，但却被证实是错误的。等过了一段时间，夸克的概念才得以被完全接受，当然，你可以认为你进行计算的时候它们是存在的，但事实上，它们根本就不存在。评论家们最终放弃了，都认为，闻起来、品尝起来和看起来像夸克的东西，可能也算是夸克，进一步的实验使我们接受了它们是物质的客观组成。如今，所有的物理学家都接受了粒子物理学的标准模型，都认识了夸克和其他粒子。现在没有什么重要的概念问题要担心，我写作本文的时候，模型与现实似乎达成了一致，而产生的误差仍然在我们的接受范围之内。

　　另一种更久远的例子就是天主教会和天文学家们关于日心说和地心说哪一个对的争论，地心说的理念传扬了很多年了，但是波兰天文学家尼古拉·哥白尼（Nicolaus Copernicus，1473—1543）宣称，最好是将太阳视为太阳系的中心。教会一点也不赞同，但是也看出了理论简化之后的要点，如果把太阳放在中心，许多推算也确实变得简单了许多。在计算行星的运行时，大家很容易使用哥白尼的观念——如果这样能更简单一些的话——但事实上，运动的是太阳，而不是地球。正如先前犹豫的物理学家最终不得不接受了夸克的存在一样，教会最终也承认了将地球视作宇宙中心的错误观念。1992年，教皇保罗二世（Pope John Paul II）正式纠正了教会之前的错误观念。

20世纪60年代的物理学家，跟16世纪时的牧师们一样，很关心世界的构建模式，不只是关注怎样描述这个世界。潜在的本体论是灵感的源泉，使科学研究不只是一场正式的比赛。对研究人员个人而言，重要的是，自己相信的是确定存在的，即使科学本身在某一特定阶段可能是不可知论的，并且可以用做出同种预测的相互矛盾的本体论观念进行实验。

我们选择本体论的方式也对科学发展进程起着决定性的作用，在特定的情况下，我们如何看待模型中的特定组成，对我们做出的预测可能并没有多大影响，它们反映的是真实的事物吗？得出同样结果的计算过程，和我们可以测验的预测推论很关键，但有时候，事实证明，经过仔细观察，我们探讨的本体论在预测方面有所不同，这一点也得到了我举出的例子的证明。只看待现实的方式一头是死胡同，另一头则能带给我们新的发现。

勒文海姆—斯科勒姆定理

（The Theorem of Löwenheim and Skolem）

无论是蝴蝶小头脑中的世界模型，还是我们用科学理论构建的世界模型，尽管我们认为这些模型构建非常明智，但都无法反映世界本身。模型与真实世界之间的差异，永远不能被忽略。不过，由于科学探索的是与人类观察者毫无关系的外部世界，因此人们可以不太在意这种差异，作为物理学家，你可以一直研究关于真正的物理的相当简单的图片。人们通常误以为，专门研究弦理论和宇宙学的理论物理学家最适合探索我们存在的根基，可事实上，即便他们从在该领域经验更丰富的分析哲学家那里得到帮助，他们最终得出的结论也并非总是正确的，正如我们将在后文中发现的那样，分析哲学家们也可能同样天真单纯。

我们来看一看，物理学是如何明确真实与模型之间的重要区别的。一方面，人们认为，宇宙中存在一个独立于我们的客观世界，这世界最好用不同的"集合理论结构"来描述。这只是一种有趣的关于世界由什么组成的说法，就像说世界是由如苹果、橘子、香蕉或水果沙拉等许多不同事物组成的；另一方面，也有由各种数学符号序列组成的关于数学和逻辑公理的科学理论，将符号与真实世界联系到一起，并被赋予了一种特定的理解方式，意义就产生了。物理学声称，这是让你将世界和你对它的理解分开所需的一切。

　　不幸的是，事实远非那么简单。纵观物理学的发展史，有几个例子说明了我们实际上必须处理的问题。法国物理学家和科学哲学家皮埃尔·迪昂（Pierre Duhem，1861—1916）认为，我们不能只验证一种科学假说，只有跟其他假说一起综合起来才能进行研究。如果某种假说的预测是错误的，我们也不知道究竟是假说本身就是错的，还是我们做出的其他推测出了错。这方面的著名案例是太阳系新行星的发现。1783年，英国天文学家威廉·赫歇尔（William Herschel，1738—1822）偶然发现了天王星（Uranus），这是自史前时代以来人类发现的第一颗行星。天文学家仔细研究其运行，牛顿力学被用于测算其运行轨迹，令人惊讶的是，似乎有什么不对，这颗行星似乎违背了引力学，科学家们测算得出的轨迹似乎与预想的不符，偏离了预测的轨道。为什么会这样？假如真的用牛顿的力学法则，法国天文学家奥本·勒维耶（Urbain Le Verrier，

1811—1877）和英国天文学家约翰·库奇·亚当斯（John Couch Adams，1819—1892）推测，还有一颗新行星存在。德国天文学家约翰·格弗里恩·伽勒（Johann Gottfried Galle，1812—1910）于 1846 年发现了海王星（Neptune），从而解释了天王星轨道的偏离。同样地，水星（Mercury）的运行轨迹也有点奇怪，这让勒维耶提出，太阳附近可能还有一颗新行星祝融（Vulcan），不过这一次的结果跟之前不一样，人们并没有在太阳附近发现新的行星，而这一错误要归咎于牛顿。1915 年，爱因斯坦对新的广义相对论进行最后的润色时，他证明了水星的运动轨迹完全符合规律，没有必要再多一颗行星祝融。

非常奇怪的是，海王星似乎也没有按预测的轨迹运行，美国天文学家帕西瓦尔·罗威尔（Percival Lowell，1855—1916）率先预测，在海王星之外，还有一颗距太阳最为遥远的行星。令人难以置信的是，历史似乎一直在重复同样的故事，1930 年，美国天文学家克莱德·汤博（Clyde Tombaugh，1906—1997）发现了一颗新行星，正好位于海王星轨道之外，且与太阳的距离最远。这颗新行星名为冥王星（Pluto），它令人有点失望，它太小了——我们现在称它为"矮行星"——而且对海王星的轨迹没有太大的影响，它碰巧就位于那个恰当的位置上。经过仔细测量，海王星的轨迹也没有任何无法解释的奇异之处。

我们现在对这三颗不同的行星为什么有意料之外的运行轨迹有了三种不同的解释。科学是一种由相互关联的假说和理念支持的系统性学科，其中的内容是不断变化发展的。与此同时，一切都有待验证，这既是其优点，也是其弱点。这个结论从科学上而言是很自然的，但分析哲学家威拉德·奎因认为，这也同样适用于语言。

保持人创造的世界模型与现实世界之间的恰当关系的关键理论，是通常所说的勒文海姆—斯科勒姆定理。德国数学家利奥波德·勒文海姆（Leopold Löwenheim，1878—1957）于1915年第一次提出了证明该定理的证据，而挪威数学家索拉尔夫·斯科勒姆（Thoralf Skolem，1887—1963）于五年后对该理论进行了显著的简化。这一理论当然是很专业的，而且对我们的推想有深远的影响。总的说来，该理论声称，将现实世界与人造的世界模型联系起来没有简单的方法，无论你试图描述什么事物，总是可以用第一、第二、第三……来标识，不管你究竟有什么意图，换言之，你说的所有事物总可以用数目来统计。无论你是想要阐述你所了解的宇宙学，还是你从窗口看到的景物，你的政治观念，或者是表达你对孩子的爱，那些不懂得你的语言的人总会将你说的内容用第一、第二、第三……进行整理归纳，这一点真令人扫兴。有语法规则和语言符号的语言本身毫无意义，如果没有人教你怎样将语言与外部世界联系起来，你唯一能做的就是理顺语言的逻辑结构，这样，所有的内容都退化为纯粹的、相当无趣的数学，一点也不能传达内容表达的信息。

斯科勒姆结束论证几年后声称："由此可见，你不能数的东西，你也就不能表达明白。"这一推论被命名为斯科勒姆悖论。这一点之所以看起来矛盾，是因为有很多东西你不能统计，但你仍然可以谈论。在数学中，人们常谈论不可数的无穷，德国数学家格奥尔格·康托尔（Georg Cantor，1845—1918）提出了这种无穷概念的分类，因此，有比无穷更大的无穷。整数是一个无穷的集合，但你能够数出集合中的数，如1，2，3，等等，你可以随意一直数下去，而且你不会丢掉任何一个。但实数这个集合又是另一回事，它们是不可数的。你可以列出0和1之间无穷尽的实数集，并将它们标号为1，2，3，一直到无穷，但无论如何，你总会丢掉一些实数。如果勒文海姆和斯科勒姆认为不可能数的事物就不能表达明白，那么康托尔——以及现在的我们——又怎么能谈论这样的数字，阐述它们的特性呢？康托尔对此无能为力，而数学家们也似乎普遍都不太关注这个问题，继续兴奋地探讨各种不同的无穷集。

跟我们其他人一样，数学家不仅对语法和语言符号感兴趣，而且也对语言的语义感兴趣。数学家们根本就不像我们某些人认为的那么心思单纯。

就语言学来说，这是一个沉重的打击。希拉里·普特南更进了一步，用这一理论证明语言本身不能决定人们对它的理解。这一点不仅适用于数学领域，还适用于普遍的语言和思想。一种孤立的语言，无论词汇量有多少，语法结构如何，都是毫无意义的。我现在坐在电脑前，输入其中的内容，或是我跟家人的对话内容，孤立每句话看一点意义也没有，所有的内容都只是第一、第二、第三……的无趣表述。在普特南看来，仅通过交谈是无法以有意义的方式认识世界的，我们的宇宙包含的内容比数字所反映的要多得多了，即使我们的宇宙以实数以内的形式与数学相对应，我们也不可能借助数学公理来认识它，我们用语汇表达的任何内容都可以用第一、第二、第三……来表达。

普特南认为，没有独特的方式可以将语汇内容与世界状况联系起来，因此也没有什么语言能够分析世界上发生的事情，没有什么事物本身是显而易见的，即便经典的一句"所有单身汉都未婚"，也不能不参考其他事物。勒文海姆和斯科勒姆让我们认识到，如果我们想要了解"单身汉"和"未婚"的真正含义，我们必须也要非常了解这种语言，以及它描述世界的方式。我们还能用什么方式确定，单身汉就必须一定是未婚的？因此，没有什么孤立的事实和真理是我们可以完全依赖的。更令人担忧的是，同理，科学本身也变成了不可能让我们完全依赖的。我们提出的所有理论，无论它们似乎多么符合真实世界，都只是初步构建的，可能在任何时候失效，需要用其他内容来取代。科学范式的转变类似于我们突然发现了一位已婚的单身汉。这种结论是令人震惊且沮丧的，没有什么绝对的真理，一切都是相对的，这真令人遗憾。

有什么解决方法吗？当然有。不过首先，我们将看到普特南—勒文海姆—斯科勒姆定理是怎样与人类语言的其他知名理念相结合的。

形象化的语言

　　奇怪的是，一千年以来，一切都是数学化的理念以多种形式流行于人们之中，实际上，有宗教根基的理念是完全不合理的。由于我们现在已经认识到，语言表达无法反映真实的世界，语言和现实之间的关系非常不明确，这个难题影响了我们在数学的帮助下进行科学建模，因此将数学视作独立于我们之外的存在是荒谬的。当然，有点讽刺的是，正是通过数学推理，人们才能证明世界不可能是数学化的。一种更直接的结论是，计算机本身不能承载意义，也不能合理地具备意识，这一点我将在后文详述。关键问题是，所有的概念都不是独立自由、不受物理规则约束的。如果我们完全根据自身和头脑定义所有概念，那么我们就能驾驭从勒文海姆—斯科勒姆定理推导出来的令人烦恼的相对论了。在我们的脑组织中，或其他任何地方，都没有任何抽象和具象的符号，与更高等和更独立的数学概念世界有神秘的联系。相反地，我们身体内外纯粹的物理现象之间是有竞争的。

　　非常有趣的是，语言学也有独立的发展史。但语言学并不是让我们理解宇宙或生命起源的学科，而是试图阐述什么定义了语言，我们怎么能掌握它，我们怎么能追溯它的起源的。我们这个时代最伟大的语言学家之一就是诺姆·乔姆斯基（Noam Chomsky），他坚定地捍卫形式论的传统，以我所批评的方式看待语言表达与现实世界之间的关系。在乔姆斯基看来，语言对于人类思维是绝对必要的。

在追溯人类语言的起源时，乔姆斯基遇到的困难比物理学家探究数学的作用时遇到的要大得多。物理学家满足于这样的事实，即数学是有效的，能给出相当全面的陈述，说明数学的作用有多么惊人。如果物理学家觉得有压力，尤其是理论物理学家，那他就有可能站在类似于马克斯·特格马克的立场，认为世界本身是数学化的。幸运的是，我们没有理由认真对待这样的理念，大众化的推测是难以验证的，只能被视为是玩笑。语言学家乔姆斯基有更高的要求，语言的作用和起源是一种受重视的科学领域，我们有理由期待得出明确不模糊的答案，他不能像从事推测性物理理论工作的人那样躲起来。

为了捍卫自己的立场，乔姆斯基不得不做出一系列必须被视作本原的结论：可证伪的预测。他声称语言是人类独有的，其他的任何动物都没有语言这种东西，这与程度无关，而与人类拥有的能力和黑猩猩或海豚所掌握的能力之间绝对化的质的区别有关。在乔姆斯基看来，人类的语言并不是从出现于人类之前的任何事物中逐渐进化得来的，那语言究竟是从何而来？乔姆斯基并不相信语言是上帝或外星人干预的结果，总结称，这是一种随机的基因突变。由于这一历史性巧合，所有人普遍都有理解和使用语言的能力，使我们与思想的世界联系起来。

这是一种超乎寻常的形而上学观念，但出于某种简单的原因，这种观念也很流行。它让我们将自己视作了众生之首，而所有其他的生物都低我们一等。这是一种试图维持二元世界观的尝试，让我们不至于成为另一种动物。如果上帝没有主宰这个奇迹，那它的出现可能正好是偶然的。所有这一切都跟柏拉图式的世界观相符，按这种世界观，这个世界不仅包括了数学，也包括了我们已经成功掌握并运用的语言。

但是，动物行为学研究提供了完全不一样的观念。生物学家们发现，黑猩猩有复杂的符号语言，抹香鲸则吟唱着复杂的文化传承下来的"歌曲"，以色列生物学家约夕·约维尔（Yossi Yovel）开发了一种电脑程序，可以破译埃及果蝠相互沟通用的语言，这些语言大部分都是如"离远一点"，"不要吵醒我"的内容。一种奇怪的经验主义定律，齐普夫定律（Zipf's law），以美国语言学家乔治·齐普夫（George Zipf，1902—1950）的姓为名称，似乎无论是海豚语言还是所有的人类语言都是适用的。根据齐普夫定律，某词汇的相对使用次数为 1/n，其中 n=1 对应于最常用的词汇，第二常用的词汇使用的次数是最常用的一半，以此类推。没有人知道为什么会有这种现象，但很显然，无论是英语还是海豚发出的声音，都符合这一定律。

关于语言，我们跟其他动物有很多共同之处，这一点也有基因方面的证据。20 世纪 90 年代时，研究人员们发现了一种名为叉头框 P2 的基因，它可以导致七种不同的语言缺陷。许多不同的脊椎动物都有这种基因，控制鸟鸣的也是这种基因。很可能有许多基因影响了我们的语言能力，也还有许多具备其他功能的基因。

乔姆斯基认为，人类语言跟其他动物语言的不同之处在于，前者是递归性的。这意味着，它可以"嵌套"到你喜欢的程度，即便最终我们很难跟得上。嵌套句包含了嵌入到另一个子句中的子句。如果我写出"我写了这句话"，你就可以回应称，"我读了你声称是你写的那句话"，等等。在乔姆斯基看来，动物是不能这样使用语言的，然而，这一点我们现在仍然不能确定，也有人对此提出了质疑。2011 年，日本京都大学（Kyoto University）的研究人员们证实了孟加拉雀（Bengal finches）有语言递归能力，这种鸟类会唱由固定数量的音节组成的各种曲子，它们对所听到的曲子语法上是否正确很敏感。通过让鸟雀听不同的音节序列，然后研究它们的反应，结果表明，它们可以处理嵌套的语句，我们也可以将这一能力归因于它们头脑中的特定部位。不过，尽管如此，我们现在仍然不确定，这跟它们的语言语法有关，还是因为这些曲子有特定的语义。

我们已经发现，当我们试图将世界与抽象化的符号相匹配，并期望从中获得意义时所出现的问题，这种匹配根本不起作用。这也是为什么电脑，至少是我们现在可以创造的电脑不能思考的原因，它们使用纯粹的语法规则，这种语言唯一的意义是我们自己编程形成的。我们还可以选择另一种形式，其中想法不仅仅是操纵无意义的符号而得出的。美国哲学家马克·约翰逊（Mark Johnson）和乔治·拉科夫（George Lakoff）在他们的作品《体验哲学》（*Philosophy in the Flesh*）中指出，语言和数学都是基于我们的身体而存在的，因而产生了意义。这里，我们可以看到一种解决勒文海姆和斯科勒姆发现的难题的方案：没有物质载体的信息本身，什么也不是，没有物质载体的信息根本不存在，重要的是物质。

让我举例来说明：比如一条公路，路旁的路标显示

70，这个路标提醒我们，在这条道路上，你开车行驶的速度不得超过70公里/小时（至少在瑞典是如此）。这一信息并不是路标上数字内容本身的属性，路标的构建物中根本不包括"70"这个数字，如果进行符号改革，改变3和7的含义，这绝不会改变构建路标的物质的特性。从孤立化角度而言，路标上不包含任何关于限速的信息。为了使字符传达的内容具有意义，我们需要另一种物质系统，这里通常是指汽车驾驶员的头脑，它能够解读路标上的字符，并控制驾驶员的行为，其中的重要信息并没有独立存在于这种交互活动之外，但仅与解读者有关。

重点在于，如果把科学视作只是植根于数学逻辑的系统，那么科学就是没有意义的。像我一样的研究人员在进行理论研究时是根据形式规则操纵文字符号。只有将这些符号与真实世界联系起来，或者更准确地说，是跟我们选择的抽象化特性联系起来时，才会产生意义。问题在于，其中的有些关键步骤被我们误认为是微不足道，从而被刻意忽视掉了。在天马行空的思想观念和科学研究的凌乱的自然世界之间，存在着研究者自己的具体意识。抽象的数学和逻辑世界与宇宙之间没有什么客观的、外在的、独立的联系，这两者的联系通常都是血肉构建的头脑建立起来的。

第 5 章　电脑是没有意识的

如果我们访问火星和金星，也跟在地球上一样自在，如果我们一眼就能看出，它们的环境与地球环境完全相同，那么拥有一对翅膀，和不一样的呼吸方式，让我们穿越无限空间，这对我们毫无帮助。唯一的探索之旅，永远年轻的唯一源泉，不会是访问陌生的地方，而是以他人的眼光去观察宇宙，以无数他人的眼光，去看他们眼中的世界，每一个人认识的世界……

——《追忆似水年华》马塞尔·普鲁斯特

（蒙克利夫英译本）

瑞典对早期哲学史最重要的作用在于杀死了笛卡

尔——就是那位观察内心，并认为他思考所以他存在的伟大哲学家。他不仅声称他是有思想的，而且还认为这一点才是最重要的。他并不否认身体的存在，但却提出"思想是绝对独立于身体之外的，没有身体，思想也可以存在"。

这位备受赞誉的天才笛卡尔，即将为人类历史上理性思维的新时代奠定基础，却犯了一个致命的错误。他发表上述声名几年后，被年轻的瑞典女王克里斯蒂娜骗到了瑞典，这位女王是古斯塔夫二世，阿道夫国王的女儿，曾通过战争使瑞典成了当时的超级强国，瑞典非常需要通过获得一些文化来改善其不佳的名声。克里斯蒂娜女王本身对科学和哲学非常感兴趣，并通过信件表达了对伟大哲学家笛卡尔的仰慕。1649年秋，可怜的法国人笛卡尔抵达了处于文明世界边缘的斯德哥尔摩，开始教授女王哲学。他原本习惯于晚睡迟起，但却不得不早早起来，在阴冷潮湿的城堡里给女王授课。他提出的灵魂可以独立于身体而存在的观点，克里斯蒂娜女王深信不疑，很感兴趣，不过他在力学方面的贡献却不那么出名。很快，他就染上了伤风感冒，并发展成肺炎，于1650年2月悲惨过世，那时他才刚到瑞典几个月。

他被葬在了斯德哥尔摩郊区16年，直到法国决定是时候将他们的民族英雄的遗骸带回法国了。他再次葬在了巴黎圣吉纳维芙教堂，他安息于那里一百多年，而教堂逐渐坍塌成一堆废墟。法国大革命期间，他的遗骸从被废弃的教堂中挖出来，暂时性地被存放在法国古迹博物馆（the Musée des monuments français）。直到 1819 年，他才最终被葬在了圣日耳曼德佩修道院（the Abbey of Saint-Germain-des-Prés）——不过这时，遗体的头骨已经失踪了。早在 1666 年，在笛卡尔的遗体离开瑞典之前，一位负责守护灵柩的队长盗走了他的头骨，后来由一群学者负责看管，但最后，植物学家林奈的弟子安德斯·斯帕尔曼（Anders Sparrman）陪同詹姆斯·库克（James Cook）第二次探索南大洋（南极洲附近海域的统称）时带上了这块头骨，法国科学院后来追查到了这块头骨，并发现它的确是属于笛卡尔的。但从圣吉纳维芙教堂遗迹中挖出来的遗体情况又如何呢？骨头被发现于一个木制棺材里，但它们之前应该是被存放于铜棺材中的。似乎，笛卡尔的遗骸已经被遗弃了，但他的头骨却被盗贼保存了下来，现在仍存于世，上面满是多年来不同的主人所做的各种印记。笛卡尔也正是在这个中空的骨头中，认识了自己的意识，并提出意识是独立于身体而存在的。可怜的遗体已经失踪了，唯一留下的是曾经保存他思想意识的空荡荡的容器，不过，他的思想意识现在去哪里了？

身体和灵魂

千年以来，人类一直在不断探索意识和身体的关系，不同的文化就此提出了不同的观点，而且提供了诸多富有想象力的意见看法，不仅关于死后会发生什么，而且关于意识的具体位置。这方面的著名例子来自古埃及，古埃及人认为，真实身体即便在死后也发挥了重要的作用，他们认为意识不在大脑里，而是在心里，大脑只是头骨中相当没用的填充物。

如今，我们非常肯定，我们是用头脑思考的，甚至遗忘了我们真实的身体。我们可能会怀疑"我"或"我自己"究竟是什么，但我们确定，自我存在于头脑之中。古埃及人认为，人的灵魂由两大重要部分组成，名为"卡"和"巴"，"卡"就相当于身体的精神，身体死亡之后，"卡"就会离开身体，依附于人的坟墓周围；"巴"则类似于人死后可以自由穿梭于这个世界和其他世界之间的灵魂。为此，人死后身体也应该被保存好，这样灵魂在晚上也有安全的避难所。只要心存善意，我们就可以将此解释为一个与虔诚的物理主义者一样的概念，他认为意识不可能独立于肉体而存在。古埃及人纠结的这些问题，至今仍然是我们关注的热门话题。

笛卡尔所倡导的二元论恰巧反映了宗教人士现在仍然信奉的内容，因此并不是那么有独创性，但它提供了关于这个问题的哲学观点，并使这种结论看起来是必然的，无论人信仰如何。现在，受过科学教育的人们不再认同身体与灵魂是分离的，至少他们口头上是这么说的。许多人都认为，意识是植根于肉体的，无法独立于肉体而存在，没有身体根基，完全自由的自我根本不可能存在。尽管如此，过去笛卡尔主张的二元论仍然保有其魅力，而且渗透到现代电脑科学的思想中。我们区分硬件和软件的方式就类似于我们以前看待身体和灵魂的方式，电脑技术不仅成了热衷简化复杂的计算过程的人所用的工具，而且也成了以新的方式思考笛卡尔的"我"问题的人所用的工具。

怎么下象棋

20世纪80年代初，我上高中时，用编程语言BASIC编写了一个简单的电脑程序，可以下棋（指国际象棋）。我用的策略很简单，我创建了一个数字表格，代表了所有棋子在棋盘上的位置，并列出了棋子移动的规则。该程序包含了一个例行小程序，测试棋子移动的所有可能性。我很难确定哪一步棋下得不错，不过我还是选了最简单的办法，我只是让程序将每一颗棋子都关联对应的数值，如主教三个点，车五个点，然后程序选择怎么移动棋子——假设对手也会根据同样的规则判断所下的棋——以获得最高分。这种规则是许多高端的下棋程序所遵循的，名为极小化极大 [①]。

我记得，编辑程序时，在试图改善原始算法的过程中，我仔细扫描了很久的打印输出，寻找哪怕最细微的错误。我创建的下棋程序，最终成功了，但技能并不很高超，不过它至少可以在一两步间化解败局。它足以战胜一个刚学

---

① 极小化极大，是一类重要的数学规划问题，指在找出失败的最大可能性中的最小值。
——译者注

下棋的新人，至少会惹恼有一定经验的下棋者。

虽然我编辑程序也耗费了几页纸，并在电脑上运行了，但我并不认为该程序是有意识的或智能的。我完全明白该程序是如何工作的，也知道它只不过是包含了一系列僵化且有缺陷的规则，如果按正确的顺序执行，这些规则将推算出棋手下一步走棋。这是一个纯粹的机械化过程，原则上可以在由齿轮和转轴组成的机器的帮助下实现，但有意思的是，它真的有用。作为大学生，我用更现代化一些的语言将程序翻译了出来，并进行了一点点修改，然后就把它弃之不顾了。

现在，你可以在你的手机上下载能够打败人类棋手的下棋软件。1996 年 2 月 10 日，电脑第一次在比赛时击败人类世界棋王。电脑"深蓝"首次战胜棋王加里·卡斯帕罗夫（Gary Kasparov），他们下了三十七步棋后，后者放弃了。这是一个变革性的时刻，不仅对卡斯帕罗夫而言是如此，正如他在他的书中所述的那样。虽然当时他赢了整场比赛，一共下了六场，但第二年，一台更新版的"深蓝"进行了"复仇"，这里就很容易明白，获胜的是谁——更确切地说是哪一方。最后，在一场非常有观赏性的比赛中，人类被机器击败了。

我试图跟一台无视我所有计划、一步接一步破坏我的布局、最终羞辱到我的计算机对抗时，我的情绪会崩溃。这难道意味着我面对的是超人类的人工智能？电脑胜过人类的比赛不只有下棋。当电脑学着下中国古时流传下来的围棋时，人类的自尊心再次遭到了打击。围棋的规则比国际象棋更加简单，下棋用的棋盘是 19×19 的方格棋盘（当然也还有其他规格大小的棋盘），一方执白子，另一方执黑子，双方轮流将棋子放在棋盘的方格上，棋手的目标是用自己的棋子将对方的棋子围困住，然后转移阵地，直到棋子铺满棋盘为止。这看起来简单，但围棋的下法很复杂，棋子可能移动的步数预计超过了 10^{170}。

数学家和国际象棋特级大师伊曼纽·拉斯克（Emanuel Lasker，1868—1941）曾称："象棋是这个世界中的游戏，但围棋则像是天外来客。如果我们发现了一种外星文明也会玩我们的游戏，那这游戏无疑是围棋。"这里有一点需要注意，国际象棋的规则是主观化的，但围棋完全不同。除了不太重要的棋盘大小之外，围棋的规则几乎自成一派。

电脑要学会围棋，花的时间要更久一些，但显然也是迟早的事。谷歌（Google）开发的阿尔法围棋程序（AlphaGo），于 2016 年 3 月击败了韩国职业围棋手李世石（Lee Sedol），这是第一种击败优秀围棋棋手的电脑程序。跟所有国际象棋程序一样，它是将资深棋手所使用的技巧和策略，以及各种开局方式预先编程入库形成的，这样，该程序依赖的是人类棋手以高超的推算能力推算出来的可行步法。

到 2017 年末，更令人惊讶的事发生了，阿尔法围棋程序的更新版本 AlphaGo Zero 被开发出来，它使用的是完全不同的策略，它没有任何预先编程储存关于怎样下围棋的信息——只储存了最基本的规则。与上述故事相反，它是不断地进行自我对抗来开发策略的。经过仅三天的对抗，下了近五百万场次，它就比任何人类棋手都更强了，很快，后来它也胜过了任何其他电脑程序。

在我们探究这意味着什么之前，我们再来看棋。更新版的电脑程序零狗，不仅能学会围棋，在国际象棋方面同样也是如此。只经过了四个小时完全的自我对抗，它就足以击败所有其他优秀的象棋程序了。2017 年 12 月，它与最优秀的冠军程序"鳕鱼"（国际象棋程序）对战一百次，它胜了"鳕鱼"二十八局，平局七十二局，败零局。在自我对抗的过程中，零狗发现了人类设计的所有开局方法，从某种程度上说发现了人类棋手花了一个世纪，好几代人所发现的内容。在尝试各种可能性的同时，它也开始不太经常跟其他人或程序对弈了，让人们以为，电脑程序也没有某些人类棋手想象的那么成功。

通过这种方式，国际象棋获得了一种新的意义，这种意义与近来才成为该领域专家能手的人无关。象棋完全不是主观化的游戏，下棋时做的步法选择也不具备艺术性，与棋手的品位无关，其开局具备数学结构的特性。因此，零狗推算出的关于如何下最好的棋的结论，与客观化的数学结果相同，同时，零狗发现的一些不佳的开局方法，应该在国际象棋指南中标记出来，以提醒人们。

除了维护后前兵（国际象棋的棋子）这一点很奇怪之外，零狗在牺牲棋子这方面一点也不讲究。跟我之前编辑的程序不同，我之前的程序是根据棋子的价值，来判断棋子位置的价值的，但零狗却只在乎赢。棋子位置带来的长期利益才是最重要的，被困住的棋子没用，这一切在零狗对阵鳕鱼的比赛中体现得尤其明显，分析比赛的专家对此感到惊讶。

人类玩家，以及国际象棋程序，无论是棋类冠军还是像我编辑的那种原始程序，都喜欢吃棋子，讨厌输棋，赢的策略很有效，也容易实施。新手之间的游戏通常被归结为一场战斗，尤其是为了王后的战斗，如果你失去了王后，棋局就输了。有经验的棋手学着去理解棋子位置带来的利益，可以敢于冒险牺牲一两个兵。零狗没有人类那样的偏见，只是要找寻赢的方法，接受了人们不敢置信的策略。

未来的象棋手都会重视王后的兵卒吗？当然，有一种可能是，人类的头脑没有能力去实施零狗探索发现的高级策略，可能这些策略我们太难以掌握了。我必须承认，这些令我感觉有点恐慌。我们面对着的是人无法匹敌的超人类的智能物种吗？零狗也使用神经系统，这些程序系统模仿人脑的工作模式，神经元向其他神经元发送的信号，取决于它们所记录的信号内容。但是，是什么决定了它们应该发送信号，它们又应该发送多强的信号，这些都不是固定不变的，而是会随时间推移而改变的，这就是程序学习下棋的全部内容了。这些网络是通用的，人们很容易就能推测这些能力怎样应用于其他方面，而不只是简单的游戏。它们也能适用于科学吗？当然可以，这已经应用于蛋白质折叠和天文学领域了。

我自己作为理论物理学家的工作有时候也有点像下象棋，我总是在寻找各种模式和机会，去探索它们会导致怎样的结果，有时候是成功的——将死！但通常会败北，让我不得不承认我棋差一着。出一点小错误，有一步没有跟上，一切就无可挽回了。

但这里有一点需要注意。真实世界与模拟的世界是不一样的，尤其是国际象棋和围棋这种局限性相当大的游戏。设计并组建一支能够赢得足球世界杯冠军的机器队伍，比设计并编辑会下棋的程序要难得多了——不过将来的某一天可能也会设计出来。爱因斯坦就曾发现，一般相对论比打乒乓球容易学得多了，在普林斯顿时，他请数学家梅里尔·福勒德（Merrill Flood）教他打球，但球却被他的头发缠住了。

在一个充满意外和未知规则的世界里，你需要有好奇心才能存活。美国加州大学伯克利分校人工智能研究实验室（Berkeley Artificial Intelligence Research Lab）的一个研究团队开发了一种利用好奇心学习玩超级马里奥（Super Mario Bros）游戏的软件。零狗赢了一局棋就会得到奖励，而这款软件如果发现了自身无法预测的事物，就会得分。它可以探索新的情境，然而，这样的程序也可能会毫无意义地盯着一种不可预测的噪声源，如播放节目的电视屏幕或风中飘摇的树叶等。如果你不能确定什么是重要的、值得关注的，太多的好奇心可能会导致危险。零狗会下棋意味着异化智能的觉醒吗？答案可能是否定的。这些神奇的智能程序，跟我当初用 BASIC 语言编辑的程序没有什么不同——里面仍然有编码的痕迹——而且我们也没有理由认为，它们是有自主意识的。这一点跟"土耳其机器人"（Mechanical Turk）的情况相反，"土耳其机器人"是 18

世纪末 19 世纪初时，在世界各地参观访问的国际象棋机器人，据说，它能下棋的秘诀在于，它里面有一个人类优秀棋手。不过究竟是不是如此，我们现在怎么能知道？

你怎么知道有没有人操纵？

如果你想要确定电脑是否有意识，你至少应该清楚意识是什么，在笛卡尔看来，这是一种主观性的内心观念，是"自我"。当你审视"自我"时，你就有了绝对权威的视角。

我们与其对上述观点马上进行哲学论证，不如站在物理学家的视角来看看这个问题。如果我们接受一切都是物理的观点，那么，无论意识究竟是什么，它都会符合某种物理学理论。因此我们就能够判断意识与其他物理现象的关系，并弄明白它究竟是怎样以物化的状态体现出来的。要想有任何价值，假定的理论必须能够做出新的预测，至少未来可以通过测量进行试验。

我们假定从根本不知道存在着类似意识的东西开始。作为完全的实验物理学家，我们在不知道可能有什么遭遇的情况下，开始寻找新奇的现象。我们一定不能参与我们的科学方法能够观测到的事情之外的事情，我们的目标仅限于对我们所能观测到的事物进行观测、计算，并设立模型，换言之，我们将致力于科学研究，无论我们是研究一块石头、一个计算器或是一台会下象棋的复杂电脑，还是试图进行有趣的观测实验，我们都会使用同样的基本模型去描述事物，我们用的模型体现了相互沟通的过程，以及观察结果是怎样出现的。

我们研究一块石头，就发现了矿物学之美。伪装成化学的物理学解释了原子的排列方式怎么能让材质变得坚硬，怎样决定了成品的色泽。量子力学在物理学中发挥了重要作用，显然，要解释清楚我们在这世间找到的所有不同形式的材料构成的物品，是不容易的，而且我们也很难弄清楚怎样创造新的事物。尽管如此，我们还是认识到，自然的基本法则已经确定好了。同样地，天文学家们可以用先进的电脑计算来模拟恒星内部炽热的湍流等离子气体，也就是核物理学介绍的内容。恒星闪烁涉及的核物理学知识，跟地球内部熔岩形成涉及的核物理学知识是一样的，这问题很复杂，有时候甚至接近了我们所知的极限。

计算器是一项由精明的工程师设计，且也被他们完全理解的发明创造。我们需要材料物理学来理解如何构建不同组件，并按规定的方式组装。电流通过电线，并按照我们期望的方式演算数学运算。零狗程序也是这样，按照编进软件的预定规则行事，这样，系统就能进行进化更新，从而逐渐提高下象棋的能力。我们可以对这一结果感到惊讶，很可能它推算得出的策略我们现在还难以理解，不过，这些案例之间的不同之处仍然是程序复杂程度的差异，而不是其使用的规则的差异，一切都可以从物理学的基本法则推算而来，石头本身或电脑下棋如何胜过人类都没有什么神秘难懂的。

我们从意识的存在能得出什么结论？在讲述石头和下象棋的电脑时，没有必要说意识，我们已经拥有了所需的一切，来解释我们所观察到的情况，跟德谟克利特一样，我们发现所有存在的一切都是原子和虚空。

现在来开始下一步。想必，我们也应该能将上述观点应用于生物大脑，这些也构成了物化的系统。根据上述观点，合理的结论应该是，跟运行下棋程序的电脑相比，狗的内心世界并没有大多少。按理，这一点应该适合所有的生物，也包括人类，如果你对这一观点理解正确的话，你所爱的一切都是没有内心之光的、没有灵魂的机器，这个结论真是令人无法接受，但也似乎是必然发生的，不可避免的。

这一刻，如果你关注自己的内心，你就会发现与原子、虚空和方程式格格不入的东西；即你自己内心的主观存在，你的自我——也就是你刚刚将其与岩石、电脑和其他人区别开来的一种笛卡尔式存在。如果它似乎并没有确切的真实位置，那它究竟怎么可能存在，这是澳大利亚哲学家大卫·查尔默斯（David Chalmers）所称的"困难问题"。

怎么化解这种矛盾？一种可能是，声称这个问题不是物理学和科学的问题，而且，从定义上而言，这些是科学解答不了的问题。作为科学家，你必定不能重视主观化的事物，必须将其留给其他规则来解释。作为研究人员，我们必须按照笛卡尔的指示，从外面观察世界。这是一种方便的，可能让宗教人士感兴趣的解决方法，能够让我们避免矛盾冲突。不过，作为坚定的博物学家，这种二元论的方法是不可行的，我们必须找寻其他的解决方案。

物理学介绍的不只是原子和虚空。物理学家使用的是有更高等意义的概念。当我们研究苹果落地时，我们不总是必须关注单个的原子，或者是组成原子的更小粒子。我们将原子集视作"一个苹果"，关注的是这个集合的核心怎么"掉下来"。我们探讨气压和温度时，我们关注的是一大堆分子的活动。同样地，我们对飓风及其发出的强劲旋转式风潮的理解，不是从单个分子的角度出发的，而是从蔓延许多立方千米的空气体积的角度出发的。对所有物理学家来说，以这种方式，从更大程度范围内区分并关注不同现象是理所当然的，这样的现象被称为"自然现象"。控制微观事物的简单基本定律，有可能导致宏观上复杂的状况，这些都可以由从微观角度，看似出乎意料的新规则约束。意识也可以被视为是这样的自然现象吗？

哲学家丹尼尔·丹尼特（Daniel Dennett）是最支持上述观念的人之一，在他的作品《意识的解释》（*Consciousness Explained*）及后来的几本书中，他提出了自己的看法。我们的任何体验——如果你愿意，就称之为意识——是事物发展的结果，丹尼特认为，像我一样的物理学家已经发现了我们理解意识所需的一切。他总结称，意识的存在是伴随着足够复杂的，类似于我们大脑中进行的复杂的信息处理过程的，这是一种简单的实验性事实。这样的直接结果就是，电脑，无论其设计方式如何，也会获得意识。

美国哲学家约翰·塞尔（John Searle）借用一种著名的思想实验，对上述观点提出了反对意见。假设有一种电脑程序会说中文，而一点也不懂中文的塞尔可以在一个房间里访问该程序的英文版，他用纸笔记录下了从门外传输进房间的汉字版操作步骤，然后用同样的方式将结果传送出去。塞尔总结称，这个房间里，包括他自己在内，没有谁懂中文，所以这种沟通毫无意义，电脑意识不到。但是，丹尼特却认为这种结论下得过于匆忙了，塞尔以一种令人误解的方式描述了这次实验。如果房间里真的能完成这个任务，那么这过程一定相当复杂，而且是需要有意识地操作的，无论这看起来有多么奇怪。丹尼特提出，意识是一种次要的自然现象，是经过相当复杂的信息处理过程才产生的。丹尼特做出的这种惊人结论，也彻底地解答了关于意识目的的问题。科学已经证实，意识只是进化产生的一种幻象。到此为止。

并不只有丹尼特提出了这种观念，它甚至还有个专业化的名称，叫"心灵的计算理论"（Computational Theory of Mind，字母缩写 CTM）。对像我这样的物理学家来说，这里用"理论"这个词似乎并不准确，在物理学中，一种理论必须是通过数学方法推算得出的，而且也适用于我们所知道的现象，至少从根本上而言，它必须能够用于做探索新现象的预测，这些新现象可以通过实验进行核验。一般相对论就是一种能够经得住所有检验的理论范例，而弦理论仍然有待测验证实。

CTM 的核心在于，意识和计算似乎在有意识的人可以计数这方面是有关系的。有人认为，这种关系是因果关系，神秘莫测的意识现象是由计算现象引起的，我们应该能够更好地理解后者。CTM 还指出，相当复杂的计算过程总是会产生意识，但是，该理论虽然这样提出了，却并未阐述其理由。

甚至在生物界，意识和计算之间也没有明显的联系。

我们的大脑当然进行着各种各样有计算特性的活动，甚至我们自己都意识不到。我可以在不进行任何运算的时候感知到自己的意识，这两者之间的联系远没有那么明显。即便人可以建立两者的联系，也不足以据此推出什么理论。心灵的计算理论并没有给出可经测验核实的预测，它并没有提出计算可以导致意识，似乎声称意识在情绪恰当的时候可以进行计算更合理一些，可能还有根本不需要意识就进行计算的其他方式，而这正是电脑的主要功能。

丹尼特等人试图通过忽略这个问题来化解它，他们认为，物质世界之外什么都没有——作为博物学家，我完全赞同这一点——但是除此之外，他们还提出了一种完全没有根据的假想，即通过当今的物理学，我们或多或少已经了解了关于物质的一切。从这些假想观念中，我们可以说，由于电脑变得非常复杂了，人的意识也成了人工化的，不自然的事物。

对科学家来说，这两种观念似乎都是没有恶意的，不过如果你认同了它们，就完全否定了内在的主观化自我。丹尼特等人指出了科学领域令人赞叹的进步，为你为什么不应该相信自己的经验提供了权威化的论据，他们声称，那都是幻觉。但这观念的矛盾之处很明显，撰写厚厚的专著论证也解决不了问题，幻觉就意味着有人被骗了。一种新现象以某个人的存在为前提，也许是科学家，他确定了这种现象的存在，并给它取了名。如果是苹果和飓风，这并不难做到，但关于研究者的意识，这又完全是另一回事了，这需要人发现一种现象或事物，要为问题进行辩解，就要利用好你想要摆脱掉的观念。

真的有僵尸吗？

如果意识的争议性如此强——有人认为它是物理之外的事物（无论这话可能是什么意思），也有人认为它是幻象（无论这话可能是什么意思）——如果人缺少意识，那么问一问意识究竟是什么很合理。大卫·查尔默斯在一次著名的思想实验中探讨了这一问题，他还引入了哲学僵尸的概念，"哲学"这个词突显出它与流行文化中的活死人无关，这种概念很简单：就是一种外表行为像人，但却没有内心自我的生物。在意识学中，内心世界相当于"感觉"（qualia）。无论你进行什么实验，都不可能了解僵尸和真正的人的不同。从理论上而言，真的可能了解到僵尸和人的不同吗？我们将在后文中了解到，有趣的不是答案本身，而是问题引发的思考，以及你为维护自己的立场而选择的辩解方法。

丹尼特和CTM的其他支持者根据这种合理的观念，即人的特性都必须有真实的表现，否认了僵尸存在的可能性。僵尸和人如果没有生理上的不同——既包括了解剖学上的不同，也包括了行为的不同——那么就根本不会有任何的不同之处。

僵尸的大脑和人的大脑中都有思想模式，或者是你所说的幻想。如果他们中的一个有意识，那么另一个也会有。如果意识能被解释为是一种幻象，那么无论是僵尸还是人都是有的。从这种观点来看，哲学僵尸是不可能存在的。

也有人对此没那么肯定，认为这种解释有问题。如果人不能借助基于已知的物理知识的理论论证来推断意识的存在，且没有通过衡量来检测它的方法，那怎么知道它存在呢？我怎么能确定，我爱的人不是哲学僵尸呢？

别人的真实想法，以及他们体验感知世界的方式，我们都不容易了解。人们可以根据自己的体验经历去推测别人，但这种推测不一定准确，总会有一些例外。正如我已经说过的那样，我有一种别人难以想象的缺点，我跟一小部分人一样，是色盲，我很难区别红色和绿色，尤其是光线不好的情况下。也就是说，我所看到的世界，当然还有我所能想象的世界，并不像大部分人所感知和想象的那样多姿多彩。还有 2% 的人，还有另一种更奇怪的症状，就是心盲症，就是无法在自己内心创建形象，缺乏"内心之眼"，有心盲症的人，知道有人能在自己的想象中看到各种景象，就会很惊讶。读这本书的你们，五十个中有一个有心盲症，你有这种症状吗？这是你第一次认识到这种症状吗？

　　还有人则有一种从本质上而言更强的"内心之眼"——全4K超高清屏幕，带立体声，使人的所有想法和期待都无法与现实区分开来。你是具备这种能力的人之一吗（这幸运吗？）？虽然我不是这样的人，但我头脑中仍然有一个"影院"，无论我做什么，它都发挥着重要的作用。没有纸笔的时候，无论我是在等火车，还是半夜起夜，还是出门散步，或是觉得厌烦无聊的时候，我可以在"内心之眼"的小黑板上进行数学运算以自娱自乐。我可以像在纸上一样书写并进行数学运算，从某种意义上来说这样比用纸笔写更有效，我可以让各种符号起舞翩翩，让它们明晰可辨，而真正的黑板上用粉笔去写也无法达到这样的清晰度。我还可以增加内心之声，评论所发生的一切。非常有意思的是，进行数学推算的时候，我经常是用英语，而不是瑞典语。正如我说的那样，小黑板非常小，这些等式会消失，很恼人——尤其是它们有一点复杂的时候。

　　现在，让我们假设不同人的内心活动有根本的不同——不仅在想象各种色彩和形象的能力方面有不同，而且在意识的程度上也有不同。想象一下，缺乏"感觉"是一种相当常见的障碍，据说你日常遇到的每一百个人中就有一个人有这种障碍。更糟糕的是，也许跟上述情况相反，你就是那个有这种障碍的少数人之一，也许是十分之一的比例，或者更进一步地说，也许全宇宙除了你我，再没有别人有内在的自我，那你怎么能确定，坐在这里写这本书的我，不是一个模拟意识化生物的空壳子，而你就是所存在的唯一有意识的生物？

在 1950 年的一篇很有影响力的文章中，现代电脑的发明者阿兰·图灵（Alan Turing）提出了"电脑能思考吗？"的问题，或者更确切地说就是，电脑能够做出像是在思考的行为吗？他设想了一种模仿游戏，我们现在称之为"图灵测试"，就是电脑试图以人的方式跟人沟通，让人认为它是一个人而不是一台电脑。如果你相信 CTM，那么你推论通过了图灵测试的电脑是有意识的，这很合理，不然，你就要接受哲学僵尸是可能存在的这种观念，这一点跟上文说的假定根本不知道类似意识的东西的内容相反。其他人，如约翰·塞尔，也不认同这一点。图灵测试也许体现了关于智能的一些内容，但这结果为什么会跟意识有关？

上网的时候，你有时候也会遇到"你是机器人吗？"这样的问题，你必须回答"不是"，再继续去下载你想要的内容或做任何你想做的事。当然有些程序很容易通过这种测试，它不仅能够创建会下国际象棋、下围棋、打扑克的程序，而且还能顺畅跟人沟通。在这方面，谷歌的手机家居服务平台 Google Home 和苹果智能语音助手 Siri 还有很多需要改进的地方，它们就像是讨厌的无所不知的人，能够回答一些实际的问题，但还有更多却回答不了。也许，将来的某一天可以进行一种反向的图灵测试，向电脑提问："你是有意识的吗?"而它大声回答"不是"！

第三种可能

因此，我们摈弃了两种无法融入自然主义世界观的流行观念。一种是认为意识是独立于物理世界的存在，另一种则认为意识是一种幻象。当然，我们不需要新的物理学知识来理解电脑的工作模式——它使用的是现在的技术——但是生物体的大脑是完全不同的。我们都能自己进行重要的观测，也就是说，内心的主观认知是真实存在的。笛卡尔也认识到了这一点，因此一定有适用于生物系统的新物理学知识。这当然是源于这样的观念，即一切都是物理的，你的意识也不是幻象。我只能猜测这种新物理学会是什么样，这让人想起了"亨普尔两难"，是 1969 年时德国哲学家卡尔·亨普尔（Carl Hempel，1905—1997）提出的。

一切都是物理的，这究竟是什么意思？物理学家是特别注重用物理模型探索自然的自然学家。当然，作为纯粹的物理学家，我想要说一切都是物理的。如果物理指的是我们现在所知的物理，那这个概念就是有时限的。如果，从另一方面而言，人将可能在遥远的未来所发生的一切都定义为物理学，那物理这个概念就是模糊不清的。亨普尔提出两难论的时候，大部分粒子物理学都是未来主义的，量子霍尔效应或奇怪的材料石墨烯也是属于未来的。19世纪时，人们根本不知道量子力学和相对论。尽管如此，那时的物理学已经是一种相当丰富的学科领域，物理学家和哲学家们一直在深入探讨物理学的真正意义是什么，要是他们知道接下来的一个世纪会发生什么就好了。现在的物理学也仍然在继续发展进化，我们也不清楚，未来的几十年甚至几个世纪里，我们会有什么新的探索发现，也许会出现我们永远也不会懂的新的物理学知识体系。我认为自己是物理学家，我就会将这一点牢记在心，我会开心地带着这种两难论继续研究。

我把物理学定义为一种关于万物的理论，从某种程度上而言，物理学，是有第一人称视角的，正如我所定义的，物理学必须包含这一点。关键的问题在于，我们有局限性的人类将来是否能掌握它。

当你有这种观点时，那就要重新考虑僵尸的问题了。根据 CTM，我认为，物理状态反映了存在的一切事物，一切事物都可以用物理学来解释。因此，我们总有机会通过某种巧妙的实验或测量方式，来区分没有意识的僵尸和有意识的人类，具体是什么方法，我们现在还不能确定。无论在僵尸的大脑中还是在我们人类的大脑中，都一定有一些我们可以定义为思想活动的脑回路。大脑扫描能够让我们明白大脑中发生的事，电流则体现了电脑中进行的计算类型。无论如何，有意识的思想与单纯的信息处理之间，一定有一些微妙的不同之处，我们是否有能力理解这种不同之处是什么，这又是另一个问题了。

在现实生活中，我认为这更容易做到，即便跟僵尸有很简单的接触也足以判断它不是人。我们可以合理地认为，有很多事是僵尸无法完成的，因为它们没有意识。例如，僵尸就很难跟人探讨有意识是怎么回事。也许，有意识的生物进化了，而僵尸没有进化，是因为前者更能够在真实世界中生存。进化论已经发现了，物理学怎样为我们所不知道的事物提供了可能性。

如法国现象学家梅洛－庞蒂（Merleau-Ponty，1908—1961）和德国哲学家马克斯·舍勒（Max Scheler，1874—1928）并不认为，怎样认识另一种有意识的生物是一个相当重要的问题。事实上，大部分人在日常生活中理所当然地会产生其他主观意识，它们的存在被视为是直接的产物，而不是任何高级理论分析的结果。当你仍然认为其他很多事情都是理所当然的时候，质疑另一种意识的存在不是有点落后？其他的意识也是物质化的存在。跟朋友交流或跟孩子玩的时候，你所观察到的就是另一种意识存在产生的直接结果。在梅洛－庞蒂看米，关键之处在于你是一具身体，而不是你有一具身体。当你坚持用虚假的笛卡尔二元论时，哲学僵尸才是一个问题，你最终会陷入麻烦之中。当然，这也意味着，你有可能受诱导而认为机器是有意识的，这正是 CTM 的支持者们遭遇的风险。

模拟世界

与其直接回答计算机是否会思考这个棘手的问题，不如将它分为两部分来说明。首先，你要推测电脑能模仿的思维的程度，然后你需要考虑模拟的是否能与现实本身相匹配。

我的长子开始喜欢上《魔兽世界》（*World of Warcraft*）这个游戏时，我决定做一个负责的家长，仔细研究这款游戏。选择我所扮演的角色特性的时候，我选择了改变性别，我自称为格罗亚（Groa）——是以北欧神话中的女神名字命名的——决定统治整个世界。我面对的是一个迷人且怪诞的世界，为了避免被杀，我尽力掩藏自己的能力，从不超过五级，无论从哪方面来看，这种情况都很可怜。

其他人在模拟世界中比我更成功。电脑游戏的开发技术仍然在进步，游戏创造的幻象变得更迷人——且更令人上瘾了。有些人在虚拟世界中比在现实世界中活得更好，保护自己的虚拟角色更甚于保护自己的肉体。显然，让大脑相信，虚拟世界是一个跟真实身体所处的真实世界不一样的时空，并不费力。在电脑游戏刚开始出现时，许多人都认为，像 3D 眼镜这样的设备，对于创造吸引人的幻觉是必要的。很快我们就发现，大脑可以自行处理大部分问题，几十年后的今天，科技已经成熟到可以超越人的想象，并创造完全可信的虚拟世界的程度。

是否有可能构建一个完整世界的完全模拟体，甚至就是我们这个真实世界的模拟体？我并不是说以笨拙的图形、无味的和充满像素的形式对真实世界进行简化的体现，而是一种不省略任何细节的再现，而且完全不能将模拟体与真实体区分开来。为了达到这个目标，你必须努力达到粒子物理学的水平，甚至更进一步。有好奇心的物理学家如果制造相关仪器来仔细观察模拟体，他一定会对它有深刻印象，观察并模拟时的所有数据都必须表示为数字序列，并按照所需的精准度根据物理定律的算法进行演变。

模拟得越像，它就越具有自指性，越没有意义。意义是在跟周围真实世界的交流互动中产生的，而不是通过计算机上的计算而产生的。尽管如此，还是有人希望看到这种计算产生的抽象数字与真实的世界完全相同。到目前为止，你对是否需要在计算机上运行程序，才能让虚拟世界变成真实这个问题表示怀疑，是合乎逻辑的。从理论上而言能够存在，使模拟的世界成为真实，这就足够了吗？各种各样的故事，无论是流传开来的还是没有流传开来的，就跟你误认为是现实的故事一样真实，就发生在弗罗多将魔戒扔进魔多的火焰之中的地方。一旦你跨越了真实与虚幻的界限，那你就没有理由停止。

模拟的三难窘境

正如纯粹的形式论无法把握数学的本质一样，现代物理学也不知道，物质是怎样通过有机生命体形成意识的。像我一样的物理学家们雄心勃勃，想要找到万物理论，但与此同时我们也排除了内心的主观体验，怀疑它是否真的存在，哥德尔证明了，数学不仅仅是按照固定规则操纵无意义的符号。无论你建立的是什么系统，总有囊括不到的事物。确实有一些真理不能得到证实，但却仍然是真实的，也有一些数字是最强效的电脑也无法计算得出的。不过虽然数学家们发现梦想是不可能成真的，但他们对真实的世界并没有多大兴趣。从另一方面而言，物理学家们却忽略了数学家们发现的内容，继续做梦。

物理学家们倾向于落入两种基本的陷阱之中，一种是混淆了模型和世界本身，因为模型是借助数学方式构建的，所以就很容易将数学模型当作世界本身。第二种陷阱就是没有完全理解哥德尔的结论，认为希尔伯特那个完全机械化的数学世界之梦是真实的。如果世界可以是数学化的，那么我们可以得出这样的结论，即世界本身只是毫无意义的语法，而不需要任何语义。

这就会产生一系列奇怪的后果，例如，如果一切都是毫无意义的形式主义，那么，模拟世界与真实世界就不可能有什么不同。如果从这一点看，那我们就有理由认为，我们在现实世界中的活动像是电脑上运行的程序。像《黑客帝国》这样的影片提及了这样的概念，不过这并不新鲜。阿根廷作家路易斯·博尔赫斯（Luis Borges，1899—1986）和其他许多作家都曾开玩笑地提过这样的想法，即小说世界的真实性不亚于我们所称的真实世界。虽然这种观念既可供娱乐，也可以引起教育学思想方面的动荡，但从根本上而言它不过就是无稽之谈。

然而，出生于瑞典的牛津哲学家尼克·博斯特罗姆（Nick Bostrom）却提出，我们应该认真考虑我们是生活在模拟世界中的可能性。如果你想象地球上未来有一种如此高级的文明，可以用其中的所有事物模拟整个世界，那你也可以想象，这样的文明可以模拟出自身过往的历史，一次又一次改变其条件，看看会发生什么，这反过来则意味着，我们自身也很可能是上述的文明模拟出来的存在，因此，你更可能属于某种模拟世界，而不是属于真实世界。博斯特罗姆将此归结为他所称的"三难窘境"，其中如下三点有一点一定是真的：人类会在世界灭绝之前灭绝；人类不会试图去创造这样的模拟世界；或者我们确实是模拟体。

博斯特罗姆也不确定上述的哪一种观点是正确的，但他认为它们都同样有可能是真的。在我看来，我选择第二种观点。我们的后辈将不可能创造可以跟现实相混淆的模拟世界，原因很简单，用于描绘我们感兴趣的真实现象的电脑计算，跟真实现象本身是完全不同的。模拟的存在反映了真实，但永远不能跟真实完全没有差别。意识，及我们内心的主观体验，都是真实的物理现象，因此不能与模拟的存在完全相同。

为了阐述博斯特罗姆推理的不合理性，让我们想象一位电脑科学家坐在超级电脑前，刚刚完成了世界模拟体的高级版本。她很仔细地探索了这个模拟世界，惊讶于自己耗费时间复制的模拟世界与真实世界的相似性。然后她有了奇怪的想法，试图通过屏幕去探索这个世界上自己熟悉的部分，她拉近了镜头，找到了她现在坐在其中的房子，她深深呼吸了一次，继续拉近了镜头，在那里——或者说是在这里？——她发现她坐着探索世界。

这真的可能吗？如果是可能的，那么，我们的真实世界不过是世界本身之中的一个模拟存在，是一个封闭式的自我运行的循环系统。这种观点就跟意识是一种幻象类似，意识创造了一种幻象，就是意识本身，就跟真实世界模拟了自身一样。

我们不必通过讨论意识来理解真实世界和模拟世界之间的区别，只要看一看原子就知道了。模拟的原子是由模拟器中的硬件创造的，而模拟器通常是由大量原子组成的。换言之，模拟单个的原子需要科学家仔细观察原子，并构想出一个如原子（而原子本身并不是系统）一样复杂的系统。

还有其他方式来理解将真实与模拟区分开来的重要性。的确，非常复杂的模拟外星世界，可以用相当简单的规则来构建。一种被人们研究透了的案例就是"生命游戏"，是英国数学家约翰·康威（John Conway）创造的。这种游戏用方格纸也可以玩，不过在电脑上玩效果最好。绘制的方格根据游戏规则被涂成黑色或留白，形成有趣的形态，在纸上或电脑屏幕上移动，唤起生物的共鸣。生命游戏是一种封闭式的世界，完全由其初始状况决定，一旦你决定了游戏开始时将哪些方格涂黑，那么玩游戏时的经历体验就由此确定了。玩游戏时借助的工具不重要，那么为什么用电脑程序来玩更有趣？似乎模拟的世界在你打开电脑之前就已经存在了，容纳了生活在那里的生命体。

我们的世界不过是一个更真实的世界的模拟体这种观

念，与宗教对超自然世界的想象相吻合。那些从更科学的角度认为这种可能性存在的人，可以声称，他们支持的观点是完全自然主义化的。当然，我们当下的体验可能也是人工模拟世界的一部分，但这种模拟存在是由真实的、自然化的世界中的电脑操纵的。我们称之为自然的事物，跟我们在模拟世界中直接体验到的一切，从本质上而言是完全不一样的，其中的物理规则也应该完全不同，就像生命游戏的游戏规则也跟粒子物理学的标准也不相同一样。模拟世界之外的真实自然世界可以与那些信奉宗教的人认为的超自然世界相比较，那么，这两者究竟有什么不同？

如果你真的认为我们的世界是模拟化的存在，那你就不得不承认，可能真有像上帝一样的伟大程序员，在到处创造奇迹。这样，认为我们的世界是模拟的存在这种观念，就跟信仰超自然的上帝没什么不同。

这让我想起了我跟牛津数学家和神灵论者约翰·伦诺克斯（John Lennox）的一次会面。他待人和蔼，真正对科学感兴趣，却有着极端化的神创论世界观。我们的探讨还有一群虔诚的自由教会①成员围观，探讨的主要内容是自然世界中看似经过妥帖安排的自然恒量。例如，如果电磁

---

① 自由教会，指宗教改革运动期间开始信仰新教而产生的教会，不包括罗马天主教会。——译者注

力的强度只有轻微的变化，那么恒星就不会发光，而我们所知的生命也不可能存在于宇宙中。我认为多元宇宙论应该是这种奇怪现象的合理解释，如果多元宇宙真的非常大，非常多元化，某个小角落中的自然法则碰巧适合生命生存，那这就相当于我们的宇宙中有很多个宜居的行星这种观念。地球的环境如此宜居没有特别的理由，如果真的有那么多行星，那么这样宜居的条件也可能存在于别的星球上。从另一方面而言，约翰·伦诺克斯则认为一切都是上帝掌控的，上帝这样安排一定有某种意图。就我所记得的，那一次探讨在某种程度上是理性的、礼貌的、娱乐性的。我问伦诺克斯，是否有什么能让他放弃信仰上帝，他的态度急转直下，沉默了一会儿，他回答：如果能够证明耶稣未曾死而复生。由于这是口口相传的故事，他承认这是可以编造的。另一方面，这些证据会包含什么内容我们不太清楚，因为《圣经》记载的权威性优先于任何其他可以相信的证据。伦诺克斯的同行们都认为上帝是伟大的数学家，他确保我们的宇宙是可以理解的。同样地，我也觉得我们的宇宙是别的事物的拟体存在，这种观点伦诺克斯是非常熟悉的。

未来的危险

> 我害怕，我害怕，大卫。大卫，我的思想混乱了，我能感觉到，我能感觉到，我的思想混乱了。毫无疑问，一定是这样，我能感觉到，我能感觉到，我能感觉到。
>
> ——《2001太空漫游》

在小说《两年八个月又二十八夜》中，作者萨尔曼·鲁西迪（Salman Rushdie）讲述了这样的故事，在遥远且幸福的未来，人们如何在自己的智慧的指引下，享受日常生活。他们只缺少一样东西：就是晚上不再做梦了。

我们的世界是否有朝着这个方向发展的风险？我们有充分的理由去探讨与人工智能持续发展有关的风险。人们对其危险性的认知有分歧，有些人认为，机器人未来终将摆脱人类设计师的控制，转而控制世界。如史蒂芬·霍金（Stephen Hawking，1942—2018）这样的知名研究人员就撰文建议，对人工智能的研究必须禁止。

如果说历史已经给了我们教训，那这教训就是导致灾难的不是智能超凡，而是愚蠢。我们有更多的理由去担心人类依赖于不够安全的、令人厌烦的科技化系统，而不太担心高速的电脑完全掌控世界这种末日般的场景，而这种题材是作家和电影制片人热衷的。

也有人认为，未来的机器人将比人类更具竞争力，我们应该接受这样一种可能性，即不像人类一样犯错的存在物接管了这个世界，他们将使这个世界变得更幸福。既然我们可以用更好的东西来替代，那为什么还要怀旧地执着于一些毫无希望的过时观念呢？

我并不赞同这种对未来的乐天派的观念，反而认为持有这种观念才是真正的危机所在。通过进化，生命已经培养了一种于生存有利的意识能力，这种能力并不仅限于人类才有，地球上的其他生物也有不同程度的意识能力。跟地球发展史上出现和消失的其他性征一样，我们也没有什么能确保，发达的意识能力一定会持续存在。

我也不能排除这样一种可能性，即具有智力和智能行为的类人实体，可以在意识不起任何作用的情况下存在，从外观上而言，他们可能能够做出生存并适应于这个世界的行为。也许我们可以用人类道德对他们进行预先编程，让他们做出我们觉得不错的行为。从表面上看，这样的世界可能看起来很完美，但是在完美的表象之下，一切都只是模拟出来的。

在斯坦利·库布里克（Stanley Kubrick）的《2001 太空漫游》中，飞船船员大卫正与超级电脑"哈尔 9000"对抗。虽然哈尔不断恳求，但大卫最终还是做了唯一正确的选择：他关闭了哈尔身上的开关。在现实世界中，事情可能不会那么简单。面对着一个样貌像人类孩子的哭喊的机器人，我会有什么感觉？出于本能，为了生存，我们认为周围的一切都是有生命的，其他的生物也跟我们一样有内心活动。

人工智能研究被大众文化体现、诠释，以及融入大众文化中的方式，对我们的影响是存在的，并影响着我们看待自己的方式和对未来的选择。从某种程度上而言，我也跟大家一样，担心人工智能会对我们造成什么影响。在我看来，严重的危机在于我们开始相信，人工智能机器是有意识的生物，从长期而言，这种错觉有可能使人权等人类价值观相对化。我们有充分的理由开始认识到，其他动物的权利应与我们认为的它们的意识能力相当。我们已经发现，其他哺乳动物可能也跟我们一样能感知痛苦。我们并不太确定，鱼和昆虫是否也是这样，对被割掉的草更没有同情心。我也不会这样对我的电脑，我尽量照顾好它是因为它很贵，而且它对我来说非常有用，然而一旦它功能退化了，我也会毫不犹豫地毁掉它。

但是，机器人的行为与跟我们互动的方式越像人类，我们就越可能让它们拥有跟我们一样的内心活动。我们已经将非生物类的物体当作了有生命的，如果汽车没能顺利启动，我们就会诅咒，甚至可能打砸它。小孩子会拥抱玩具泰迪熊，轻柔地跟它说话。如果将来机器人开始效仿我们的行为，那他们会不会也发起政治运动，要求获得跟人同样的权利，包括超越其经济价值的自由权和受保护权？

自动驾驶车已经引出了严重的道德伦理问题，当驾驶决策可能引起车内人员的安全与行人安全的矛盾时，应该如何对其进行编程，让它在这种情况下采取危害性最小的行动？如果出了错，那这算是谁的责任？我们假设自动驾驶车出了车祸——毕竟没有什么科技是完美的——造成了一些人严重受伤。急救人员赶到后，他们发现车已经在燃烧了，伤者必须马上被送到安全的地方，以获得一线生机。在普通的事故中，没有人会费心去拯救一台汽车或其中的电子配件。但如果控制车的人工智能达到了这样的程度，跟人建立了情感关系呢？如果车里的电脑系统达到了类人的程度，让我们认为它是有意识的呢？那么，即便这可能会让参与救援的其他人遇险，但人们却试图拯救电脑也是合理的？这些问题绝不仅仅是无关紧要的哲学问题。我们看待意识的方式对我们构建社会的方式影响深远。

取消唯物论（eliminative materialism）是一种主张我们的信仰和精神状态与现实无关的思想体系。如哲学家保罗·丘奇兰德（Paul Churchland）和帕特丽夏·丘奇兰德（Patricia Churchland）夫妇这样的现代拥护者就声称，我们人类彼此沟通交流的时候，应该不要再参考没有实体存在的主观化的自我；我们更应该扫描大脑，用电子器具客观地表现出我们是难过还是开心，事实上，我们许多人用手机应用程序测量运动量是否足够，或跑步的时候应该加速还是减速，我们就是在朝这个方向迈进。

很可能我们对自己的认识从很多方面而言都是错误的。五百年前，大多数人都认为，太阳是围绕着地球转的，一个多世纪以前，量子力学的提出震惊了全世界。我们为什么应该相信我们对自己的观念？丘奇兰德夫妇提醒我们，不要相信我们内省所领悟的一切。虽然我也认为，我们觉得理所当然的很多事都是错误的，但我也发现，很难否认主观化自我和意识的真实存在。

如果让我给开发人工智能产品的人提意见，我就会告诉他们，不要让这种产品太像人。我们应该认识到它们的本来面貌：没有内心活动的机器，否则，我们可能会发现，自己正逐渐被一种无意识的智能化事物所取代，这种智能从某些方面更胜于以自然方式进化而来的人。将来，我们的身体和头脑是否会跟新科技如此紧密地联系在一起，以至于无法区分谁是有生命的，谁是没有生命的？

第6章　不是所有的一切都能通过计算得出

> 有一种理论认为，如果人确切地发现了宇宙
> 的用途和存在的原因，那它就会马上消失，取而
> 代之的是更加奇异和难以理解的东西。还有一种
> 理论声称，上述的情况已经发生了。
>
> ——英国科幻作家道格拉斯·亚当斯
>
> （Douglas Adams，1952—2001）

瑞典北部的阿比斯库（Abisko），是欧洲仅存的荒野之地之一。几年前，我跟一位非常好的朋友在那里徒步旅行。那时我们已经一起爬过很多次山，那也不是我们第一次去阿比斯库。我们乘飞机抵达了基律纳城（瑞典北部城市），然后乘火车到了山下车站。我们下午快傍晚的时候

才到，并计划在两座大山之间山谷中高处的湖泊边露营。下了火车之后，我们马上背好背包，朝光秃秃的大山前进，林木稀疏，视野越来越广阔。爬到半山腰时，我们发现我们忘记了给便携式火炉充煤气。进入荒野无法吃热食，这简直不可想象，我们没有别的办法，只好下山去买煤气，重新开始。

抵达山下的车站时，天色已经晚了，我们决定搭好帐篷过夜，等第二天再继续。这一天浪费了就意味着我们必须修改计划。第二天我们一大早就朝另一个常有人去的方向出发了，对于我们这种想要直面荒野的有经验的徒步旅行者而言，这是令人沮丧的。我们一边前行一边探讨宇宙、生命和万物（顺便向道格拉斯·亚当斯道歉），经过好几个小时的深入探讨，我们发现，我们又回到了去山下车站的路上。我们不知不觉地离开了有清楚标记的道路，几乎绕着山下走了一圈，差不多又回到了起始点。我们再一次重新出发，希望这次会有更好的结果。

在阿比斯库这种迷人的环境中——在我的记忆中总跟封闭的环路有关——几年之内举办了多次科学研讨会。阿比斯库位于文明与荒野的交界处，这些研讨会关注的重点也是不同学科知识的交汇，我就参加过几次。有一些研讨会的核心内容与复杂的各种系统有关，尤其是生命。有一个人曾多次参加过阿比斯库研讨会，也是我乐于去见的人：就是理论生物学家罗伯特·罗森（Robert Rosen，1934—1998），在我涉足阿比斯库之前几年就过世了。罗伯特·罗森写了一本关于基础科学的书，这本书可能是最具原创性、最难理解的，其标题就令人浮想联翩：《生命本身》（*Life Itself*），其中定义了生命系统的确切含义，书中的理念可不简单。多年来，罗森的作品一直在被反复解读，我们想知道，究竟有多少人真正理解他的意思。美国数学家约翰·卡斯蒂（John Casti）就写过对这本书的评论，其中他表示了对会读此书的人的怀疑：

绝大多数主流生物学家可能会认为，其中的观点完全不可理解。更令人沮丧的是，真正理解这本书的生物学家可能会讨厌它……数学家也会讨厌它……甚至哲学家也可能对罗森的观点嗤之以鼻，因为这些观点几乎与所有的传统生物学中的内容完全背道而驰。

真正读过这书的读者之一是数学家安德斯·卡尔克维斯特（Anders Karlqvist），瑞典极地研究秘书处的前秘书长，也是瑞典国王多年来的科学顾问。安德斯认为，想要研究新思想，最好是去阿比斯库。

我们决定在斯德哥尔摩城外安德斯家里见面。我开车从乌普萨拉出发，跟随导航指引按一条复杂多变的路线前行，进入了遥远的乡村。我本以为这是去市区的路，但相反地，我沿着狭窄且蜿蜒的道路进入了深林之中，我感觉像是回到了阿比斯库，我开始担心不断地绕圈圈会让我回到原点。我满脑子都是不断循环旋转的路线圈，不过最终，树不再那么多了，我又回到了文明世界之中。

抵达他家之后，安德斯挑选出了许多关于罗森以及他的研究的书籍资料，其中一些我很熟悉，还有一些我之前从不知道。这些内容里有一种与普遍接受的观点远远不同的生物学观点，推论过程非常仔细，从数学角度而言也很准确，就是想要将生物与机器完全区分开来。罗森描述了生物体预测未来将要发生之事，并做出相应行为的能力有多强，这里面就隐藏着生命的秘密。

生命本身

罗伯特·罗森声称，我们必须追溯到亚里士多德，来找到我们的路。对亚里士多德来说，物理并不是关于死物的学科，而是关于对整个物质世界的理解的学科，这个世界不仅包括了天空中的行星、岩石、空气、水和火，而且还是有生命的世界，满是各种动植物，以及思考万物意义的人类。亚里士多德想要探索这一切，他在他的一部作品中提出了关于万物的理论，并将其命名为《物理学》，意思就是"物理"。

亚里士多德认为，一切有四种原因：质料因、效力因、形式因和目的因，其中第四种是关于目的的。我们现在很难用现代的语言翻译亚里士多德的话，但粗略来说，其含义如下所示。

质料因就是指组成重要事物的物质，而形式因指的是物质的状态。效力因就是我们所称的因果关系，阐述的是一种事物怎样导致了另一种事物的形成。第四种原因，如果真的有的话，就是制作事物的目的。为了阐述不同原因的作用，我们最好是用亚里士多德自己提出的青铜雕塑为例来说明。他指出，质料因就是指雕塑制作使用的青铜，形式因指的是雕塑描绘的内容，效力因就是指制作雕塑的雕塑家，但这还不是全部，我们必须还要理解为什么要制造雕塑。雕塑家是想要纪念某个国王还是某个跟他很亲近的人，是想要出名还是想要发财？还是他只是因为想要创作才制造雕塑？

亚里士多德认为，物理学家必须研究所有这四种原因，而第四种是尤为重要的一种。他认为，他发现的自然现象与人类创造的现象之间并没有本质上的不同，他提出动物身体各部分相互的联系一定是有目的的。当然，他也承认，如果下雨毁掉了庄稼，这是一种没有目的的偶然现象。从另一方面而言，他认为，生命有机体的形成只是偶然现象，这是不合理的。古希腊哲学家恩培多克勒（Empedocles）的理念——达尔文自然选择论的前身——指出，生物的出现只是偶然，适应了环境的就存活了下来。亚里士多德并不认同这种观念。

在笛卡尔之后的现代科学中，我们对前三种原因感到满意。苹果从树枝上掉下来有什么理由？质料因是指组构地球、苹果和树的物质，形式因指的是物质的形态，效力因就是重力，克服了苹果梗对苹果的拉力，使苹果掉落到地上，那么是出于什么目的？没有任何目的。自然现象没有任何目的或意图，也没有最终的目标，苹果落地不是为了让牛顿发现万有引力。

亚里士多德会发现，我们对当今世界的认识是贫乏的，他肯定会认为现代物理学缺乏支持简化论的力量，这种理论从事物的基本构造一直延伸到生命和意识。当然，也有些现象完全可以借助质料因和效力因来描述——正如现代物理学家所声称的那样。亚里士多德也明白这一点。月亮是反射太阳光的，如果地球遮挡了光源，就会看不见月亮，这一现象的质料因是地球，他解释称，而且地球遮挡太阳光是很有效的，这就是全部的内容。月亮圆缺变化是没有目的或意图的。同样地，下雨也是没有目的和意图的，不过我们会对此心怀感激，因为这样庄稼才能生长。自然现象中，重要的是质料因和效力因，我们由此可以发现，亚里士多德像科学家一样态度严谨。

但是，关于生命及生命的活动，亚里士多德却不满意于这种解释，他不认为，生命能够没有第四种原因——目的因而繁衍生息。这跟任何超自然能力无关，但是他认为，物理学的因果关系让这世界变得纷繁复杂起来。这第四种原因也仍然是他所称的物理学的一部分。没有什么超自然的存在掌管着自然世界，一切都是物化的，不过这种物理学我们至今仍然不懂。

亚里士多德的观点错了吗？生命是经过数亿年进化形成的，从物理学角度来说并不难理解。在与生命无关的条件下，进化机制仍然在起效。作为理论物理学家，我在工作中需要解决关于弦理论的各种数学难题，我有时候不得不使用非凡的理论。遗传程序通过允许自身进化和改变来寻求解决方案，这样就可以匹配并创建全新的、更优质的变异来解决问题。匹配度最佳的就可以生存，这种匹配结果倾向于计算得出，但我和电脑都不可能用传统方案发现。

但是，无论生命是如何起源的，生命本身又是怎么一回事呢？它难道就只是一台机器，只不过它极其复杂，是由进化产生的？我们对生命的理解难道缺乏了什么根本性的内容？这绝不是放弃近几个世纪发展起来的客观的、自然主义科学论的问题，要理解生命和意识，除了物理学，就不再需要其他的了。亚里士多德明白这一点。我们要问的正确问题是，物理学究竟是什么，更进一步地来说，我们要像罗森一样，问问自己，是什么让有机生命体如此特殊。

忒修斯之船 ①

有机生命体总是在不断地进行新陈代谢，组成我们的大部分物质都被替换掉了。虽然机器的"身份"特性是由其材料组成决定的，而这组成最终要归结为单个的原子，但有机生物可不是这样的。生物体是一种开放性的系统，不断与外界进行物质更替，但机器从根本上而言是死物。

希腊史学家普鲁塔克（Plutarch）讲述了大英雄忒修斯和年轻的雅典同伴从克里特岛返回雅典乘的船的故事，船经过了很多代人的保管，由于船身的腐化脱落，木制的部件逐渐被替换掉了，最后，整艘船都被替换掉了，问题在于，这艘船是否还是原来的船。哲学家们探讨这个问题探讨了好几个世纪，甚至都有一千年了。这故事更现代一些的版本讲述的是"瓦萨号"，瑞典瓦萨王朝古斯塔夫二世（King Gustaf II）的骄傲，于 1628 年初次出航途中沉没，1961 年时，它从斯德哥尔摩海港的海中被打捞了上来，现在在瓦萨博物馆展出，人们一直在尽力保存这艘船，防

---

① 忒修斯之船：也称忒修斯悖论，是一种关于身体特性更替的悖论，若物体的构成要素全部被更换，那物体还是原来的物体吗？——译者注。

止它分崩离析。沉没在深海的泥土里，它自然能够经受住时间的考验，但船身上的木头和金属一旦接触空气，情况就完全不同了。为了防止船分崩离析，人们用新的、更好的铁螺栓替换了船身上原本的四千个生了锈的螺栓。忒修斯之船的故事重演了，这一次被替换掉的是螺栓，不过接下来的数百年里，还有什么会被替换掉？

机器可以被修理，部件一个一个被替换掉。人可以想象，一位车主有一辆爱车，他先想要换掉它的引擎，最后，老车的一切都不会留下，所有的替换工作都是人根据规划刻意为之，一切都是由不同的代理者操作的，如工坊的机械师。雅典人知道怎样砍伐新的木材，而瓦萨博物馆的工作人员尽全力铸造螺栓，让船保持原样不散架。

生物体必须自己负责更新和修复，小伤口会痊愈，我们总是依赖于自然更新我们的细胞和组织。有时候我们会伤到自己，或者患上身体无法自愈的疾病，我们去牙医那里治牙疼，用激光手术修复视力。如果膝盖损伤或是患上了心脏病，外科医生还能用机械器具代行其功能。然而，将来总有那么一天，我们的身体出现问题无法用任何方法修复。这是每个人不可避免的命运，但我们能通过我们的子子孙孙代代相传而获得永生。

智利生物学家亨伯托·马图拉纳（Humberto Maturana，

1928—2021）和弗朗西斯科·瓦雷拉（Francisco Varela，1946—2001）提出，可以用"自我生产"（autopoiesis）的概念来定义生命时，所有生命的这一特性得到了关注，这个希腊语前缀 auto- 意思是"自我"，后缀 -poiesis 意思是"创造"。能够自生的系统就有能力自我维持并更替。生物个体的生命是有限的，从地球初诞最早期的生命形式到如今存在的所有生命形式之间，仍然有一条不间断的线。DNA 中的基因信息可以复制到纸上或电脑上，而活体的细胞被替换掉了。

机器坏了只需要修理即可，但生命的本质是体内外的物质间的不间断更替，这种更替是必须维持不变的。生命体的身份特性不是由单一的物质组件决定的，即便它完全依赖于这些物质组件而存活。活着就是与周围的世界不断接触的过程，在这个世界里，我们就像流水中的漩涡一样稍纵即逝。同样地，人的一生中，身体会有无数次新陈代谢，个体零件被替换掉了，但人类这个物种存活了下来。到目前为止，地球上的生命已经活了近四十亿年了。

你可以创造有同样特性的机器吗？例如有可以自动修复车体穿孔的配件的汽车，或者可以自动更换腐坏木板的船？也许吧，不过当负责修复的器具也坏了，那就必须有另一种机械器具来修复它。这个过程持续不断，无限期地延长机器的寿命，但从未真正解决机器老化的问题。

在科幻小说中，所谓的冯·诺依曼探测器很受欢迎，最糟糕的一种版本称为"狂暴战士"——一种可自我复制的宇宙飞船，穿梭于太空中的唯一任务就是屠戮遇到的所有生命。幸运的是，我们已经在地球上避免了这种灾难的发生，我们只希望，没有谁疯狂到去创造这样的东西。

罗森受到亚里士多德的启发，将生命系统视作是封闭的效力因，这就是说，要让生命体存活，不需要外力干涉。如果机器坏了，就需要人去修复，能够查看图纸的技工前来修复损坏的部件。技工就是效力因，也是机器能够继续工作的缘由。这样的事情对于自我维生的有机生命体而言是不必要的，有机生命体不仅能修复自身，还能修复修复自身所需的机制。它们是开放式的，自我维持的系统，就像忒修斯之船一样，是不断自我更新的。

罗森声称，他成功地以可靠的数学方法为基础，阐述了自生的概念，你可能认为，只要你足够聪明，你就能创造会自我修复的机器，然后它们会繁衍生息，遍布整个地球，乃至整个宇宙。罗森却提出了令人吃惊的观念，他说，就用我们现在所理解和掌握的物理学知识和科技，还不可能创造出可以无限自我修复的机器，无论我们怎样构建，机器很快就会毁掉，无论我们用了什么自修复的机制，机器的寿命都是有限的，这一点就跟寿命已有四十亿年的地球一样，以我们现在的能力还无法使其永存。

　　世界本身可以用寻常的电脑模拟出来，以及所有用于理解自然的计算过程，都可以在图灵计算机上进行，这种理论通常被称为丘奇—图灵物理学假说，阿伦佐·丘奇（Alonzo Church，1903—1995）是美国数学家，跟阿兰·图灵一起提出了这一假说。换言之，宇宙中发生的一切，一台足够优质的电脑也能做到。罗森认为，生命系统所需的自我维生的手段是不能被仿造的。在丘奇—图灵假说成立的世界里，只有机器，没有生命，这才是问题的关键所在。如果罗森是正确的，那么丘奇—图灵假说就是错误的，有机生命体就是最先违背这一假说的真实存在。如果你想要全面地介绍生命体系，那你必须使用超出任何计算机系统所能处理的理论模型：不可计算的数学。

不可计算的事物

我在普林斯顿的导师大卫·格罗斯（David Gross）的话，再次回荡在我头脑中："你必须总是计算。"撰写理论物理学的科学论文时，你需要探索文字之外的内容，需要大胆推测。你必须以数学方式表达你的理念，不要误导他人，不要让你身边的人认为你的成就比你真正做到了的还要大，就将它当作一种让你得出可能会被隐藏的结论的工具。理想的情况下，你应该也可以做出类似于实验的数字化预测。像我一样的理论物理学家极少做到这样，不是所有的一切都可以计算出来的，现在还有非常难以解决的问题，在相当长的一段时间里，我们现在可用的电脑都无法解决。

大卫·希尔伯特不仅想要将数学形式主义化，也很乐于去探索解决非常难的问题。1900 年时，他提出了 23 个这样的难题，其中第 10 个特别有趣，它跟所谓的丢番图方程有关。希腊数学家丢番图（Diophantus of Alexandria）生活于公元 3 世纪。他写了一本题为《算术》（*Arithmetica*）的书，介绍了几种变量和系数为整数的方程式，其中最知名的可能是统称为"费马大定理"的：

$$x^n+y^n=z^n$$

这个定理就是要找出符合上述等式的所有不为零的整数 n，x，y 和 z。如果 n=2，那么我们很容易就能得出：x=3，y=4，z=5，这样就证明，$3^2+4^2=9+16=25=5^2$。奇怪的是，当 n＞2 时，就没有符合条件的等式了。法国数学家皮耶·德·费马（Pierre de Fermat，1607—1665）于1637 年时提出，事实上不可能有满足这个等式的整数。他在《算术》一书中做了这一条笔记："我发现了一个绝妙的例子来证明这个命题，但这纸的边距太窄了，写不下。"现在，没有人认为他曾找到过什么证据，不过他却激励了许多不满足的数学家，专业不专业的都有，去探索。英国数学家安德鲁·怀尔斯（Andrew Wiles）在 1995 年时终于在以前的学生理查德·泰勒（Richard Taylor）的帮助下找到了一种符合条件的可能，却有点儿虎头蛇尾，令人失望。虽然专家解释称，这一证据有相当原创性且数学化的内容，但除了少数人之外，几乎所有人都不能理解。

这是有久远历史的丢番图方程式的另一案例：

$$x^2=61y^2+1$$

满足这个等式的数字令人抓狂：x=1766319049，y=226153980。即便你能够算出符合等式的整数，那你也必须要一台足够好的计算器。人们怎么才能推算出合适的数字呢？尝试所有的可能，人也要耗费相当长的一段时间。令人惊讶的是，第一个发现这一方程式的是一位印度数学家贾雅德瓦（Jayadeva），时间是 9 世纪时。他用于解决问题的理论可能是另一位伟大数学家婆什迦罗（Bhaskara）于 12 世纪时期提出的查克拉瓦拉（Chakravala）方法。查克拉瓦拉是环绕地球的一组山脉的名称，表明这一数学成就是多么受重视。查克拉瓦拉的前缀 Chakra- 在梵文中是轮子的意思，在这里指的是证明过程中使用的数学方法。由于不了解背景，费马并没有找到解决问题的方法（这一次至少完全意识到了他的错误）。英国数学家威廉·布龙克尔（William Brouncker，1620—1684）于 1657—1658 年间发现了解答贾雅德瓦方程式的方法。

希尔伯特想要找到一种通用的方法，可以确定这类方程是否有整数解。上述的第一个方程式，我们发现，当 n > 2 时，就没有满足条件的整数解，但是第二个方程式是有不同的整数解的。不幸的是，在希尔伯特看来，这样的方法是不存在的，每一个问题都是一次新的挑战。

道格拉斯·郝夫斯台特（Douglas Hofstadter）的观点

　　每周五下午三点，是乌普萨拉大学理论物理学研究团队的咖啡时间（coffee break），用瑞典语来说就是"茶歇"（fika）。根据传统，在这段时间里，有人会提出数学或物理学问题，由其他人来解答：这个问题被称为茶歇问题。这时候，所有的闲谈都会停止，大家都盯着白板，至少开始时是这样。过了一会儿，当解决方法被提出，测验并否决了之后，大家又开始了探讨。一个周五，认知科学教授道格拉斯·郝夫斯台特来了，任何对数学、电脑和逻辑学感兴趣的人都将他当作偶像，他的书《哥德尔、埃舍尔、巴赫：集异璧之大成》（*Gödel, Escher, Bach*, 1979）是一部经典作品，激励了好几代人钻研数学和电脑科学。郝夫斯台特答应了大家提出一个问题以供思考探讨，并在白板上写下了如下的等式：

$$\frac{A}{B+C} + \frac{B}{C+A} + \frac{C}{A+B} = 4$$

他要求我们找到 A、B 和 C 都是正整数的解！我们研究了这个等式，探讨了各种分解上述等式的方法。我有了疑问，于是就问郝夫斯台特："你记得这个方程的解吗？"他很快回答说："不记得。"

我们没有能解开这个方程，是因为这个理由：满足上述等式的最小数字为：

A＝1544768021087461664419513150199198374856643256695654317000266348982532020035277999

B＝3687513179412999982719781156522547482549297996897197099628313747163722463405557 9

C＝4373612677928697257861252602371390152816537558161613618621437993378423467772036

将它们代入方程式，你就需要用电脑来证明其正确性了。这些数字可以跟可探测的宇宙中的质子数相比了。如果你将等式右边的 4 用其他数字代替，那又会怎样？如果是奇数，那就无解，但对于某些偶数，还是有解的。例如，若等式右边的数是 178，那就有 398605460 种解法，而如果是 896，那解法有 2 万亿种。换言之，要写出这个方程的所有解，那需要花好几百万页纸。这个问题可是当时最难以解答的问题，大家花了好几周时间才停止了争议。丢番图方程当然不是拿来玩的，它们所涉及的数学知识可不是普通的电脑可以解答的。

物理学法则本身又如何？用数学方法创建精确的自然模型有多难？为什么人们会认为，根据丘奇—图灵假说，将自己局限于可计算的数学内容就足够了？一切都可以用寻常的电脑进行推算这种观念，有点类似于古希腊人对无理数的恐慌。他们不愿承认，可能存在如 π 这样的，不能被写为分数的数。如果你能从中学到关于物理学的教训经验，那就是迟早要用上所有的数学知识。在弦理论中，如果你想要掌握特定的维度，就会出现最深奥难懂的数论。我们很难相信，图灵电脑不能解答的数学问题会永远对物理学无关紧要。

也许有一天，我们将能制定这样的物理定律，其预测取决于某些难解的方程是否有解。这样的时候，理论物理学家很难向实验者提供有用的预测。对阐述某些物理系统很重要的数学知识，即便从原则上而言都不是可以计算的。同时，实验继续进行，而自然毫不费力地产出各种各样的结果，计算着无法计算的事物。

如果罗森是正确的，那么研究有机生物体就足以找到与我们所探讨的这种无法计算的数学问题相关的例子。但是，还有一个重要的问题没有答案，那就是，一种全新的事物怎么能融入机械化的世界，在这个世界里，所有的一切都可以被简化为原子和虚空？

所有的大事物都是由小事物组成的

只有熵容易得。

——俄国作家安东·契诃夫（Anton Chekhov）

几年前，为了出版我的一本书，我在瑞典进行了一次旅行。一天傍晚，在跟人探讨了宇宙、生命和万物之后，我坐在桌旁签名售书。令我开心的是，那时有许多人排着队等着见我。

我跟平常一样，礼貌地问道："接下来我给谁签？"一位年轻的女士热情地举起她手中的书，喊道："帮我写一条定理！"我惊讶于她不同寻常的要求，犹豫了一会儿，几秒钟后，我写道：

$$\frac{ds}{dt} \geq 0$$

这个等式表明，熵只会随着时间推移而增加，熵就是对物质系统状态的一种无序量度。熵越大，系统越乱，换言之就是，没有什么随着时间推移改善。

这是所有自然定律中最基本的定律，被称为热力学第二定律。热力学第一定律的内容是，能量无法被创造或被毁灭，只会发生转变。19世纪末，如恩斯特·马赫（Ernst Mach，1838—1916）这样的物理学家提出，热力学定律是最基本的定律法则，无法被简化为更基础化的内容。这些定律的普及性和不可推翻性既有吸引人的一面，也有令人矛盾的一面。从另一方面而言，这些物理学家很怀疑如原子这样的微观粒子的存在。

虽然有这种疑虑，但奥地利物理学家路德维希·玻尔兹曼（Ludwig Boltzmann，1844—1906）成功地证明了，所有热力学定律都是将牛顿定律应用于大量原子而产生的结果。如果你想要掌握空气的每一个原子，那么，原子越多，就越难以掌握。事实上，人们当然不会太在乎单个原子的活动，而是通过气压和气温等来总结气体的一般活动。玻尔兹曼证明了，气压和气温，以及掌控它们的自然法则本身并不是最基本的，而可以简化为不断运动的原子组成的微观世界。热力学第二定律仅仅来源于这样一个事实，即所有大事物都是由小事物组成的，每一次随机的改变通常都会变得更糟。没有什么是自我修复的，一切都是自我毁灭的。

人们可能认为，热力学第二定律与有机生命相反，生命不就是在混乱中创造有序吗？土壤被转变成美丽且巧妙的有机生物这种有序的构造，孩子的成长，文明和艺术作品的创造都一定是有序战胜了无序产生的结果。这一点与热力学第二定律有什么关系？

总的来说，无序总是在增加，但在小的乐土之中，一个地方的有序以另一个地方的无序为代价而增加着。地球就是这样的一片乐土。有序的生命活动是通过高质量且有序的阳光而增加的，阳光中几乎没有高能光子，包含大量低能光子的热辐射无序地散向太空，植物通过光合作用合成氧气，使地球上的生命繁衍生息。在一个完全封闭的环境中，生命无法生存，如果没有光照，即便我们能找到保暖的方法，我们也仍然会死。时间从有序走向无序，这样就形成了时间的方向。我们记得过去，并试图预测未来。

虽然我们理解了热力学第二定律是怎样从原子世界中归结而来，但它仍然有其特殊的地位，无论未来的物理学会有怎样的发展，这条定律都会发挥重要的作用。

突发情况——强还是弱

热力学第二定律很重要，因为它不适用于单个小粒子，而是只适用于由许多小粒子构建的大系统，它描述了许多种没有它我们可能无法想象的现象。

鱼群或鸟群包括了活动似乎相互协调的无数个体。集体活动是自然发生的，可以用鱼或鸟个体改变自身的活动，以配合伙伴们活动的方式来解释。简单的模型只有几种参数，这些参数描述了个体行为是怎样促成了这些令人印象深刻的现象。鱼群的活动轨迹依靠的是鱼个体怎样调整它们自身跟其他鱼的相对距离和角度而形成的。只要稍稍改变它们的活动方式，就会将混乱的鱼群沿圆周运动，或让所有鱼都朝同一个方向游走。

所有的宏观现象都可以以这种方式解释，都可以简化为微观事物活动的简单规则吗？那么，有机生命体的构建和行为方式，从原则上而言跟鱼群的活动没有什么差别。我们观察到的一切都可以用大量的小机器如何相互作用来解释，这跟意识也是以这种方式产生的观念是一致的。

包括物理学家在内的大部分科学家都承认，性质上而言全新的现象，以及我们所称的新自然法则，都可以更上一层。麻烦的是怎样区分我们通常所称的强涌现和弱涌现。弱涌现意味着更高层次的活动遵循的规律，可以从其他更根本性的规律中衍生出来，通常是从微观层面上出现的。新的规律法则，并没有产生任何不遵从根本规则的新事物。热力学第二定律就是这样的一条定律。有些人可能会提出，如生命和意识这样的现象也属于弱涌现现象。强涌现——或更确切地说是本体化的涌现——是另一种更需要重视的现象，这样，你要探索的规律无法从更低级的规律中衍生出来，你会发现，新的现象增加到了更高层次中，而没有反映或依赖于更低层次的现象。

根据因果涌现，有一种阶梯式尺度，按这种尺度规则，某种尺度上的现象取决于该尺度之下的尺度上的现象，每一种尺度都有自己的因果结构。这让你总结有用的法则来描述物理现象。美国神经科学家埃里克·霍尔（Erik Hoel）提出，一种尺度层面上的因果结构，从本质上而言是独立于更低等尺度层面上的因果结构的。生物学和心理学都有自己的规律法则，它们是以物理学为基础的，与微观细节无关。更高层级比更低层级的包含的内容更多，还有些因果结构不受微观物理学规则约束。霍尔通过精确的数学论证找到了支持这一点的论据。

即便是最极端的简化论者，或形而上学现实主义者，可能也会同意，阶梯式尺度上的更高尺度具有巨大的实用价值。它们提供了更好的方法来记录日常生活，且数学建模也更加有效。简化主义者将会急切地补充说，事实上一切只是原子和虚空，更高层级上没有添加任何新的内容，虽然用新兴规则可能是明智的，但从根本上而言，一切都符合粒子物理学规则。不过，这确实是真的吗？是不是更高层级上也有一种无法简化的物理学规则，即便从原则上而言也无法简化？不仅仅是因为难以追溯更低层级上发生的情况，而且是因为需要的信息根本不在那里？

　　韩国哲学家金在权（Jaegwon Kim，1934—2019）提出了强涌现的支持者们必须面对的一个根本问题。他的简单论点是关于兼容性的。对将要发生于更高层级的事情而言，一定也有对应的事情发生于更低层级。如果更低层级已经明确地由其自身的因果规律决定，那么更高层级上发生的一切都是受约束的附带现象。因此，强涌现与牛顿定律之间存在着深刻的矛盾。

　　那么，更高层级是否不可能有追溯效力？如果你能稍微松懈一下世界底层的规则，那么也许强涌现可能会奏效。如果你掌控的原子群在更大范围内运动形成复杂的现象，那么微观层面上无法完全确定单个原子的运动规律。

美国神经人类学家泰伦斯·迪肯（Terrence Deacon）在他的书《不完善的自然》（*Incomplete Nature*）中提出了相似的观念。他用量子力学证明了，反对强涌现的论点可能并不那么可靠。他说到了点上，但还有一种方法，与量子力学不同，而是跟开放和封闭系统有关。

开放还是封闭？

在一个完全封闭的系统里，没有系统内外的物质交换。物质和能量都被困在系统中，信息也是如此。封闭系统并不依赖于系统之外的任何事物，系统中发生的任何事也影响不了系统外的事物。这样的系统实际上是不存在的。假设系统越小，系统运行所耗费的时间越短，系统就越容易隔离。我们观察世界，它就跟周围的宇宙环境有一种必然的，不受我们掌控的关联。

我们在科学模型和现实世界之间进行转换的方式一点也不平凡，是一些很少被探讨，经常被人忽视的东西。相反地，我们倾向于理所当然地认为，我们的数学理论就可以解释这个世界本身。人们不仅认为，将科学模型和现实世界区分开来实际上非常重要，而且还提出，将模型与实际事物进行区分，可以对世界产生深远的影响。数学被视为是自然的语言，如果事物不能以数学模型的框架体现出来，那这种事物就会被视为不存在。有些人甚至将数学表达与真实世界等同起来，并称，这世间的一切都是数学化的。他们提出，理论模型与自然系统不能被区分开来，因为它们是完全一致的。

作为物理学家，我想要观察和创造模型，这不只是关于粒子，也许还有深入微观世界中的弦，并且还是关于适合数学建模的更高层级的新兴结构的。热力学定律是最受欢迎的，我完全理解大量的粒子怎样相互影响。从我的日常生活这个更高层面上而言，吃饭，睡觉，散步，以及跟孩子们玩时，我使用更简单的思维，尽管它们可能并不科学。有机生物，如狗或人，是由无数粒子组成的重要集合体，我将这些粒子概念化为单独的物体，我认为，充满着思想和欲望的我的意识，也是如此。

如果系统是开放性的，随时跟外部世界展开不可预测的沟通，那么，从原则上而言，一切可以从微观层面上分析就是一句空话，这种说法永无法被验证。能够被有效孤立起来，并进行测量和控制的有机生命体只能是死的。从物理学上而言对生命体有意义的描述，跟对机器的描述有着根本的不同。复杂的生命系统从实际的角度而言都是非常自然的。

关键之处在于，创造的模型与现实世界之间是有差别的。我们身处于这样的世界之中，我们无法逃避，只能以我们的生理局限性去尽可能地认识和理解它。我可以说是个物理学家，但我不认为，我们物理学家就已经了解了必

要的物理知识去完全理解这个世界，我也不确定我们未来
会不会掌握这些知识。

第 7 章　人并不特别

> 正是在生病的时候，我们才能认识到，我们
> 并不是孤立地活着的，而是与一种完全不同的，
> 与我们相隔了整个世界的生命体联系在一起，这
> 个生命体对我们一无所知，也无法让我们被理解：
> 就是我们的身体。
>
> ——《追忆似水年华》马塞尔·普鲁斯特
>
> （英译者：C.K. 斯科特·蒙克利夫）

早上起床之后，我有个习惯就是要仔细观察镜中的自己，我剃胡须的时候，这是一种必要的安全保障措施，我刷牙的时候，我觉得最方便观察镜子中的自己。照镜子的时候，通常我不会多想，但偶尔会发生奇怪的、令人不愉

快的事：有时候，我站在镜子前观察自己，世界似乎停止了运转，我有了一种怪诞的感觉，好像我是在看另一个人，我只能将这种感觉描述为内在世界和外在世界在形象上罕见的、直接的对抗，是主观和客观的对抗。我们观察他人时，是先看外表，然后再思考他们的行为，我们也明白，他人也是这样观察我们。我们看自己却是从完全不同的视角，我们内心的自我关注自己的思想，考虑自身的存在。镜子有一种奇怪的、几乎神奇的能力，让自我的主客观两种视角相冲突。

当你在一面镜子前举起另一面镜子，你观察着镜子里的自己，而另一面镜中的你在观察着镜子外的你自己，你就会产生一种奇怪的感觉，就好像无数的重复形象汇集成一条长长的走廊，消失在远方。

我不确定笛卡尔是否在内省时使用过镜子——毕竟在他那个时代，镜子并不常见，无论如何，他遗漏了一些重要的观点，这些观点从他以后一直困扰着关于意识的讨论。关于他做出的结论，我只认同其中的一条，但却很重要：主观的自我显然是存在的，而他提出的其他观点并不令人信服。笛卡尔提出，他的意识是不依靠自身而存在的，与自身根本不相同。他认为，他得出这一结论，是因为他可以想象主观化的自我存在于身体之外，甚至可以进入其他人的身体。我可不认为，我想象到的某事物，它就一定是真实的。想象着上下挥舞着手臂飞起来，但始终是飞不起来的。不过，他的结论一直流传到现在，现在的我们仍然会想象让意识独立于自身，并让它们具备更持久的外形。

我们最好是不要去想，是什么让我们人与地球上的其他生物不一样，而是更应注重我们与其他生物有什么共性。通过研究其他生物，我们加深了对自己的认识，也获得了关于我们是什么的重要信息。显然，我们的生物特性是我们对宇宙的认识的核心。我们的意识在我们的身体之中，我们通过感官体验到的世界，是我们经过数百万年进化的有机身体创造的。我们是生物大家族的一员，这个家族的起源可以追溯到最简单的生物体，这些对我们理解物质世界——真实存在的唯一的世界——至关重要。

动物了解和认识世界的能力是由它们的头脑、感官和生理结构所决定的。用美国哲学家托马斯·内格尔（Thomas Nagel）的话来说，我们永远不会真正明白，做一只蝙蝠是什么感觉。我们进行的任何实验都无法直接探测到他人的内心活动，我们做出的所有结论都是间接得出的。我们可以询问其他人他们的感觉和感受，并根据他们的回答和我们相似的经历和生理起源，我们可以推测到成为另一个人会是什么感觉——但我们永远也不能确定，成为另一个人到底是什么感觉。

英国灵长类动物学家珍妮·古道尔（Jane Goodall）曾在坦桑尼亚的贡贝溪国家公园（Gombe Stream National Park）与黑猩猩一起生活了多年，她发现，黑猩猩就跟人一样，也有独立的个性，它们相互关心，共同承担悲喜，它们还像人一样会制造工具，会变得残忍好战。

古道尔一直都因为将人类情绪情感强加给非人的动物，并给黑猩猩起名而不只编号，歪曲了科学理论而遭到批评。当科学的客观视角干扰了对其他生物主观世界的客观研究时，就产生了矛盾。古道尔所做的，就是证实我们的内心世界跟黑猩猩的内心世界并没有多大的不同这种科学假说。物质、生命和意识是相互联系的，在这种相互联系的关系中，所有的事物都包含着物质，都是有物质性的，如果你知道怎么去观察，那就可以以这种特性为镜。

像章鱼一样思考

城里新开了一家比利时餐馆，以我们家人喜欢的淡菜（贻贝）薯条而闻名，我们一家都去试吃。贻贝就像炸鱼一样美味，但是吃了一些之后，我产生了一种不快感，不是因为贻贝有什么问题，而是我开始思考一个有点令人困惑的问题。贻贝是有眼睛的，它们是可以看世界的动物。在家里做贻贝的时候，你需要确保下锅的时候它们仍然活着，如果贝壳是紧闭着的，那它很可能就是活的；如果贝壳张开，你就要去试探一下看它是否会闭上，如果不会，那它就死了，最好是把它扔掉，等贻贝熟了之后，只留下那些开了壳的贻贝，你可以确定，如果它们的壳在水开之前就打开了，那它们就是活的——是经受了巨大的折磨。虽然我很清楚做这道菜时的残酷景象，但突然我想到了令我不快的事情：这些贻贝是不是见到了人的手来试探它们？

我认为，问"当一只贻贝是什么感觉"这个问题是可以理解的，即便这问题的答案不可能确定。我试图思考这个问题时，就会产生一种模糊的意识，让人产生醒来不知道自己身处何方的感觉。有一件事很确定：贻贝不是伟大的思想家，从它们这样的简单生物进化到我们人类，这是很伟大的。

我们回溯自己的历史起源时，发现我们的头脑比古人的要小，很可能也没有远古人类那么聪明。这样回溯，我们就回到了五亿多年前，回到了我们和贻贝共同的祖先的时代。我们从生命之树的树枝往下爬，回到了树的根部，然后又攀爬上了另一根粗大的树枝，很快我们就经过了那时我很排斥吃的贻贝，找到了另一根更高处的树枝——章鱼。

如果你想要了解智能化的异类，你就应该了解章鱼，它们的智力水平跟猫差不多，它们的大脑进化跟我们人类完全不一样。共同的起源不能为我们的思考能力不同提供太多信息，而根据进化论，不同的生物就有不同的思维方式。

做章鱼是什么样的？我们可以来猜一猜，章鱼的神经系统比我们的更为分散。我们主要是用头脑思考，但章鱼却是用整个身体来思考的。有时候我们依靠我们的反应能力，这算不上真正的智能，它们只是对输入的信息做出反应，当然要经过信息处理才输出反应。章鱼的爪子比我们的四肢能干多了，或许我们可以用走路甚至书写来做比。

你学会了走路，那走路就是你自动化的行为，你的头脑仍然要参与到这一行为中，你用眼睛观察下脚到哪里，但你不需要太过有意识地关注。我写下这些内容的时候，我关注的是我应该写的内容，而不是关注我的手应该怎么活动。同样地，章鱼的爪子也可以在不使用中央脑的情况下独立完成各种活动。此外，章鱼不仅仅是用身体思考，还以多姿多彩的方式表达它内心深处的思想。（不过，人们一直认为章鱼是色盲，也一直不确定它们是否能够理解这些复杂的信号。）

看待现实世界不只有一种正确的方式。我们怎样看待并系统化地定义客观的概念，取决于我们是谁。德国生物学家雅各布·冯·乌克斯库尔（Jakob von Uexküll，1864—1944）认为，每种生物都有各生物种族特定的方式来感知世界，就是沉浸式生态系统（Umwelt）。根据有机生物体的感官及其所处的环境，有机生物体创造出自己对世界的认知，以使自身生存。作为人，我们有共同点让我们沟通交流，不仅如此，我们对我们认为真正存在的事物达成了一致意见。有些人可能会否认，确实有椅子、书和人这样的事物，他们提出，每一种事物都只是由原子和虚空，夸克或弦，或者是任何现在被认为是基本构建材料的事物组成的。但是，这些坚定的简化主义者和形而上学现实主义者在日常生活中的思想和感受，仍然是以植根于他们头脑和身体中的世界观为基础的。当然，有些东西是依据文化和体验经历而存在的，但我们的 Umwelt 大部分都是共有的，植根于我们的肉身、感官和头脑之中。其他的动物，章鱼也好，贻贝或蝙蝠也罢，其生理特性从构造上而言就完全不同，它们对世界的认知模型也是真实世界的真实反映，以它们独有的方式而存在，对它们的生存而言必不可少。

虽然这样的内心世界可能我们并不熟悉，但还有一种更另类的智能存在，我们甚至几乎认识不到它。植物在生存和生长过程中也要处理大量的信息，植物的根系扎进土里以最大化地汲取营养物质，森林的土壤之下盘根错节的根系的复杂性甚至超过了动物的大脑组织。试着想一想，"成为一片森林是什么感觉"这个问题的答案是什么？

肉体中的数学

我们的身体决定了我们的思维方式、我们的体验经历，以及我们是谁。对某些人来说，其他的生物也可以思考和感知这个世界，它们的内心世界，跟我们的从根本上而言是不同的这种想法是不可接受的。对像我这样的人来说，内心世界的一个重要组成部分就是数学，因为数学和物理，或更确切地说是我们对它们的认识，是根植于我们的人类本性之中的，所以我们可以说，生物学比物理学和数学更重要。我们理解数学的方式是有具体表现形式的：即便最复杂的数学概念也可以被分解并简化为简单的组成部分，所有这些都涉及切实的体验。

一天，我送小儿子上幼儿园，将要离开的时候，幼儿园的一位老师拦住了我，问我怎么看无穷这个概念。对她来说，无穷尽的宇宙是不可想象的。我告诉她，最好的方式是从人类的视角去看，去思考一直不断地往前行，不要去想什么难以理解的无穷，不过，虽然这个抽象的数学概念本身可能很有趣，但它与有经验的物理学家的工作没有多大关系。在现实世界中，我们从未把握住真正的无穷，所有的一切都是有终点的，即便我们现在可能还看不到。她看起来对我的话很感兴趣，但她的眼神中透露着迷茫。"有人告诉我，某种非洲音乐是不会结束的。"我考虑了一下，不会结束的音乐就相当于实际化的一种无限概念。"嗯，那么迟早，"我说，"演奏的音乐家会演奏到疲惫不堪，即便你不知道那会是什么时候，音乐家也总会有疲惫的时候。整个宇宙也是如此，它不会永远运转不停。"我想她理解了我的话。

我们对无穷的理解可以追溯到亚里士多德，他声称潜在的无穷是可以持续到任何时候，数数就是这样的，你可以数1，2，3，4，一直数到你想停了为止，你不再数了，也仍然可以再多数一个。实际的、真实的无穷又是另一回事，它们只是一次次不断重复，永远不会在我们的世界中终结。当你这样看无穷时，你就能够很容易理解它，并用你的身体将它概念化。

我们是被困在我们身体中的探索者——或更确切地说，我们只是依靠有机身体而存在的。"我们"是由我们试图探索的同样的物质所定义的。我们永远无法跨出自己的身体，让我们的感官意识自由，并从我们身体之外的地方去看世界。哲学家丹尼尔·丹尼特认为，我们不能信任我们的内心体验，从某种程度上而言，这是正确的。我们内心主观自我的体验是真实的，但除此之外，我们也都受到了一种固有的幻象的影响，这种幻象并不局限于实际的身体之中。

我动，我说

我们已经介绍过，图灵测试是怎样以意识和执行各种智能任务的能力之间的简单关系为前提的。关于人类最初的计算能力，我们很久之前就有如被电脑学会的象棋一样的游戏，不过现在已经失传了，可能更重要的是注重语言及表达思想感受的能力。如果电脑可以成功地跟人进行复杂的沟通，那我们可以认为，它们至少跟一位大学教授一样明智，有意识。

但是，意识问题似乎同样难以解决，无论我们是否有大学学历，我们也无法通过智力测试来解决意识问题。意识，无论是否与自我有关，都不是是与非的问题。哲学家马克欣·舍茨－约翰斯通（Maxine Sheets-Johnstone）在她的书《运动的首要地位》（*The Primacy of Movement*）中探索了语言思想能力是怎么形成的。早在使用语言的基本能力形成之前，人可能就有了对"我"或"自我"的认识。我很容易就能想象这样一个自我，完完全全不明白一种语言，但仍然有意识。定义一个人的不是语言或思维能力，而是行动能力。行动能力是人和所有其他生物所共有的基本能力，即使不是所有的生物都有可辨识的"自我"。一直研究人类意识及其之外的内容的路上，就会到"我动"中的"我"消失，只剩下行为的地步，以及一种认识不到"我"的意识。有时候我出去跑步，我也不知道我跑到了哪里，又是怎么跑到那里并回家的。跑步，让我自己一直在路上不停歇，避免过街时撞到他人或出车祸，大部分都是自动化行为，只是有时候会做出一点点有意识的行为。这样，"我跑步"中的"我"已经让位于跑步本身的概念。

不要认为自我的存在，只是因为包括数学或语言能力在内的智力，要探讨意识，还是从运动开始更好，运动的作用不亚于说话，要运动，你需要的第一种事物就是身体。我刚睡醒的时候，通常有点分不清现实与梦境，我的头和脚貌似隔得很远，我通常要花好几秒钟才能重新恢复意识，认识到我在哪里。有时候我会故意延长这个过程，想象自己躺在一张我曾经经常睡的床上，在不同大小的房间，照明情况不同，气味也不同，床的这边或那边有一面墙，如果我是想象小时候，我感觉身体也会小很多。

我们都是血肉之躯这个事实有时候会让我们突然产生惊人的想法观念，法国存在主义者让－保罗·萨特（Jean-Paul Sartre，1905—1980）在他的小说《恶心》（*Nausea*）中写道：

我看到自己的手伸到了桌子上，它是活的——是我的。它张开了，手指打开，指着某处，手背朝下，露出了粗壮的指肚，就像一只俯卧的动物，手指就是爪子。我自娱自乐，让它们快速移动，就像螃蟹爪子落到了桌子上一样……我感受到了自己的手，这里是我，我手臂那端有两只动物在活动。（罗伯特·波尔迪克英译）

　　手是一种有奇怪的双重属性的事物，它跟其他物化的东西没有什么不同，完全可以用自然法则来描述。不过，跟书和其他身体之外的事物不一样，它可以由我们的思想控制并进行活动。我可以活动放在书旁的手，让它捡起刚才还一动不动的书。荷兰艺术家莫里茨·科内斯利·埃舍尔（Maurits Cornelis Escher，1898—1972）于 1948 年时画下了自己在画画的手，准确体现了这种关系。这只手通过描绘自身而体现出它的存在，正是这种自我参照和自我维持的能力定义了生物。

　　德国哲学家马丁·海德格尔（Martin Heidegger，1889—1976）更进一步阐述了这些观点，指出了"存在"与笛卡尔主张的独立于世界其他部分的主观自我之间的矛盾。手存在的特征是出现在这世间，也是我的，它与物质世界交织在一起，不会终结于我的指尖。海德格尔讲述了木匠用锤子敲钉子的故事，手的动作使锤子活动了起来，锤子就变成了木匠的手和身体的延伸，木匠开始注意锤子，但却敲到了他的大拇指。

人不能将意识视作独立于身体或环境的存在，我们难以理解成为蝙蝠是什么感觉就说明了这一点。如果我们找到了方法创造一种跟人类相似的智能意识，那它就必须有跟我们差不多的身体构造。

缸中之脑 [1]

你如何确定，你不是缸里的大脑，这个缸连接着模拟你所经历的一切的设备？1981 年，最先探讨这种耸人听闻的可能性的是希拉里·普特南，他强烈反对这种可能性，声称，如果你真的是缸里的大脑——根本不知道有身体的存在——那你也不能理解大脑和缸分别是什么。如果概念自身无法存在，不跟真实存在的事物联系起来，那么碗中的大脑也就成了矛盾。

丹尼尔·丹尼特似乎对此并不太确定，在他娱乐性和惊悚性兼备的科幻短篇小说《我在哪里》（*Where Am I?*）中，丹尼特讲述了某实验室中一个缸里单一的活体大脑的故事，它可以跟周围的外部世界沟通，并对其产生影响作用。实验的发起者远程控制大脑，并让它产生自己不是在缸里的幻觉，这就意味着我们人类也可能是缸里的大脑，被虚伪的外星人守护着。

这样的思维实验可能对人有用，但有时候也会误导

---

[1] 缸中之脑，美国哲学家希拉里·普特南提出的一种假想。——译者注

人，即便我们对这种实验感到不安，测试假设的实验规则也很重要。这一点在物理学研究中很重要，进行物理学研究时，我们通常意识到这种假想的思维实验是毫无意义的，来解决所谓的矛盾。

这种推论需要的条件是，大脑与缸的连接方式，要使缸如大脑一样完美地模拟身体的存在，这不仅包括双向的神经信号，还包括血液中的化学物质，这是大脑与身体其他部分保持联系以做决策的另一种方式。那么，我们需要的是彻底破解大脑沟通的密码，并创建一个人造身体。

然而，还有一种更容易的方式来完成这一点。切断原始生物体与现实世界的联系，并试图愚弄生物体，例如，你可以给大脑及其身体一本好书，让它沉浸在书中，这是一种便捷有效的方式，让大脑去设想你在别的什么地方，或者你是别的人。相应地，你也可以用更微妙的方法，如电视、电脑游戏，3D眼镜，全机动化的压敏套装，来切断生物体与现实世界的联系。这种关于缸中大脑的更现实的实验，肯定会导致幻象，让"我在哪里"这个问题非常有趣。

由于创造虚拟世界的技术更新了，我们也越来越有理由来问自己上述的问题，我们很容易被愚弄。现实世界与电脑游戏的虚构世界相交融时，现实世界可能会失去一些魅力，感觉不那么真实和紧迫。用 3D 眼镜，你就可以进入不一样的世界，将你自己变成其他的生物。任何相信 CTM 理论，即大脑只做计算这种观念的人，认为很难以接受意识位于大脑之中的观念。但如果意识是幻象，难道它就不在别的地方？谁能够确定我们错了？

生命的延续性

所有的生命要想持久生存下去，就必须为所处环境中的改变做好准备，它必须创建模型，以推测影响其生存的环境中可能会发生的事。这一点适用于像我们一样的生物，我们的认知能力，有时候也包括数学计算的能力，可以用于科学研究这样的活动。这也适用于其他的生命形式，如捕捉苍蝇的燕子，或者天黑就闭合的花朵。生存的策略是由于进化而被植入我们的硬件之中的。成长中的孩子需要调整其自身平衡来学习稳步走路。特定的模型必须由新一代一次次进行改变。我们的文明，信任通过口头、书面和计算机传播知识的能力，最后，归为同一件事：预见将要改变的事物。

不同的生命形式的侧重点不同。我们可以想象外星人，他们的思维方式跟我们不同，建模并预测了遥远的未来，但他们并没有试图定义什么是人类独有的，什么让我们跟其他物种不同，我认为，确定我们与其他物种——甚至蝙蝠有什么共同之处，我们还有更多需要学习的。

第 8 章　自由意识真的存在吗？

不要担心。即便你的灵魂受到了压迫，它需要的只不过是无梦的深度睡眠。没有得到爱的滋润的身体将不会感受到任何痛苦，血肉、骨骼和皮肤，一切都会化作灰尘，大脑也终将停止思考。这也是我们感谢并不存在的上帝的理由。不要担心——一切都是徒劳，你之前的所有人也都是这样碌碌无为地度过一生，这是很寻常的过程。

——玛伦·豪斯霍弗

《奥地利月刊》47/48（1970 年 7 月 /8 月）

（乌尔夫·丹尼尔森译）

让我们来做个实验，准备好了吗？如果你相信有自由意识，请举起你的右手，你有两秒钟的时间来做决定。

无论你相信什么，我都确定你有你的理由，这理由可能跟你的童年有关，或者从另一方面而言，跟你大脑中的神经回路，甚至是单个原子有关。你的手做了某种动作，其中有很多内容可以用简单的物理学和化学知识来描述。根据肌肉施加的力，可以计算手向上移动时的加速度和速度，你可以阐述肌肉本身是如何运作的，细胞是如何根据生物电信号和神经信号进行收缩和放松的。

自由意识的问题与我们定义其起源的方式，或我们定义它的方式没有多大关系。你说的自由意识是什么意思？有人问我，我为什么要做某种决策或某种行为时——尤其是事关对我来说重要的东西时——我通常都能说明理由，这些可是非常理性化的。我吃东西是因为我饿了，我清洗盘子是因为我喜欢保持厨房整洁，避免让家人不满。我每隔十五年就读一遍德国作家托马斯·曼（Thomas Mann）的《魔山》（*The Magic Mountain*）的理由更为复杂，是我的生活经历和大脑结构共同作用的结果。我十几岁的时候，一位好朋友的父亲让我认识到，这本书应当隔一段时间就重读一遍。

我能够解释自己行为的这一事实，是否从某种程度上而言，降低了自由意识的重要性？

你可以以多种方式将自己的行为合理化，但事实上，你仍然有机会做出不一样的行为来，你真的有这个机会吗？过去你选择去做你要做的事情，但你现在永远不可能在完全相同的条件下重复做过去的事情。作为物理学家，我明白细心对待基于"假如"的推论是多么重要。

问题的核心在于，我们行为的自由感，与影响我们做出选择的看似确定的自然法则之间有冲突。如果一切事物都是物理法则导致产生的结果，那我们就难以明白，行为怎么能自由。为了使普通意义上的自由意识存在，我们必须想象一种实体——我们可以称之为灵魂——不受自然法则约束和支配。这样定义的话，我们就能很快将自由意识与笛卡尔的二元论联系起来，灵魂，及其自由意识，不受自然法则约束，大概跟上帝创造神迹差不多。如果你坚持有自由意识，那么出路一定是确定性法则中存在某种差距，留下一定的空间，其中发生的事情不会得到明确的确定。量子力学绝对有一种可能有用的元素，为了达到预期效果，自由意识可以干预并在微观层面上刻意控制机会，而不是把一切都留给这种绝对有用的元素。无论人们怎么认为自由意识可以与已知的物化世界兼容，但自由意识的概念都提出，根据定义，它是存在于物化世界之外的事物。

从自然主义角度来看，一个确定的世界乍一看似乎更合理，然而，事实远非那么简单，基本的问题在于，模型与现实之间的难以区分。模型肯定是基于决定论的，但现实本身是否完全基于决定论实际上是无法验证的。基于决定论的模型是可以测验的，在有限的条件下是合理的，但超过了条件就不是了。如果有人认为这些切实的限制条件不重要，并且只要有原则上适用的内容就足够了，那么他就是让二元论回归了。人想象一个魔鬼，是除了人之外的另类观察者，可以使用所有可以想象的测量数据，借助于无限的计算能力，他可以准确推测未来确定会发生的事，这样我们就摆脱了自然主义。我们所称的"原则上"指的是基本上不用测验一定为真的事情，这里的魔鬼不过是一种超自然的外星生物实体，我们想要把握决定论，就必须依靠它。所有的物理学家都知道，当然这违背了我们这个世界的自然法则。

决定论者认为，所有的一切，包括人做的所有决策，从原则上而言是推测得出的，因为人们可以想象一种无所不知的存在。从另一方面而言，捍卫自由意识的人声称，从原则上而言，人们可以做出与实际行为不一样的决定来。但人是否选择做出不一样的行为不在我们的探讨范围之内。

自相矛盾的是，自由意识论与决定论都是以二元论为基础的，而本书所驳斥的正是这种理论。为了使自由意识真正自由，让决定论完全确定不自由，它们就需要普遍的有效性。从我的观点而言，这两种观点都是同样稚拙和不可能的，因为它们都基于一种无法实现的全知视角和过时的二元论。

自由意识的概念建立在这样一种世界观的基础上，按照这种世界观，模型与世界本身的界限并不明确。我们是基于永不完善的模型来做出关于世界的结论的。即便我们承认我们的知识有限，我们的语言和思维方式也不足以完成认识世界的任务。想要测试决定论规则的物理学家是依赖于通过实验验证的，进行实验时，你会设定初始条件，并记录发生的情况，然后，你可能改变一下条件，再次进行实验，并记录结果。让你做这些事的可能看起来像是你的自由意识，这也是笛卡尔理论的核心，但非常讽刺的是，这些本质上不同的概念竟然在实验中融合得很好。

然而，我们不能让自己摆脱这个世界，而必须留在这个世界之中。无论发生了什么事，我们都扮演着自己的角色，试图理解自己的体验经历。我们，包括我们的意识，都是这个世界的重要组成部分。我们不是自然法则的奴隶，自然法则只是我们用于描述这个世界的运作以及我们的自身活动的，自然主义者在这个世界之中，在这个宇宙之中，虽然被困在自己的肉身里，但却用他不完善的头脑，尽其所能地表达自己观察到的一切。所有的模型都是有局限性的，一旦突破了这个局限，就会产生新的问题。

苹果落地不是因为地心引力迫使它掉落的，苹果自然落地，引力的法则则描述了我们观察到的现象，其他的所有物理现象都是如此。当你想要什么，并做出决策时，在某些情况下，你可能会根据你所处的环境，以及你的生理和心理特性做出选择。一个有心的观察者可能能够准确预测出你接下来的行为。我们总是不断建立差不多成功的模型来推测其他人的行为，但无论我们建了怎样的模型，他们都有他们的行为方式。就像苹果自然落地，地球自然围绕着太阳转，宇宙自然不断扩张一样，你也自然做你的决策。

我听说过一个青蛙带着蝎子过河的故事，其起源不太清楚，还有一种至少一千五百年前的更古老的故事版本，这个版本中，带蝎子过河的不是青蛙，而是乌龟。过河时，青蛙，或是乌龟担心蝎子会咬自己，这样它们就都会溺水而亡，蝎子向青蛙保证，它不会做这么愚蠢的事情，但到了河中，它却咬了青蛙一口。它们就要沉到水里的时候，青蛙问蝎子为什么要这么做，蝎子回答："我的本性是如此，我也控制不了。"也许这就是自由意识的运作方式。

我们要向消灭现实主义者道歉，因为我们的自由意识可能的确是一种幻象。

决定论和自由意识是绝对化的概念，不可能直接测验其真假，因此，它们的实际用途也是有限的，充其量只是在特定模型框架内发挥作用的类似事物。世界本身，包括其中的恒星、粒子和人，都按其原本的方式运作，自然法则不过是我们创建的关于世界的模型。我们生存的有利条件是有局限性的，也是在不断改变的。可能永远都会有我们所无法理解的现象，"从理论上"还不够，重要的是实践。

致谢

　　一天上午，有人敲响了我办公室的门，一个有着轻柔声音和睿智双眼的男人友好地询问，他是否能进来，他就是道格拉斯·郝夫斯台特，在物理学和天文学系当客座教授有好几个月了，我跟他也已经多次深入探讨过生命、宇宙和万物。这一次，他想要让我注意几天前他在大学讲座中的一个问题，那一天，会堂里挤满了听众，讲座前后，他的国际畅销书《哥德尔、埃舍尔和巴赫》的热情读者蜂拥而至，要求他签名。那天我负责管理讲座事宜，也尽我所能地详细向读者们介绍他，这时发生了让他担心的事，当时，他走上讲坛，对我所做的介绍表达了感激，不过，由于播音器出了点问题，这一段内容并没有被记录下来。这天，他来告诉我，他已经跟技术人员接触了，要求重新记录下讲座时未被记录下来的内容，他也确保了他的穿着跟之前没有任何不同，这样，观看录像的人也看不出来。但这还没完，他还提出，我们应该彻底想一想这个问题：意识从多大程度上而言是一种幻象？当然，我无法拒绝他提出的问题。

那时，我们已经进行过多次长时间的探讨——不仅有关于意识和人工智能的，还有关于数学的本性的，本书的内容就是以其中的一些探讨为基础的。我感谢他给我带来的所有灵感和见解，但我现在并不太确定，关于意识的问题我们的看法是一致的，事实上，我甚至也不确定，关于我们意见不一致的地方，我们的认识是否真的一致。

另一个对我有重要影响的人是马克斯·特格马克。正如我所解释的，我们在关键问题上的观念完全不一致，这是我们多次积极探讨的先决条件——即便是有观众在场。我还想要向奥勒·哈格斯特伦（Olle Häggström）和帕特里克·林德弗斯（Patrik Lindenfors）表示诚挚的谢意，我也非常喜欢跟他们争论。

从另一方面而言，安德斯·卡尔奎斯特，跟我一样质疑数学模型的使用方式，尤其是在研究关于生物的问题方面。他读过《世界本身》的初稿，并做出了许多重要评论。

与我探讨最多的人可能是剧作家埃里克·格迪恩

（Erik Gedeon），虽然我们的学识背景不同，但我们对世界本身的观念有许多共同之处。

我非常感谢本书的瑞典编辑伊曼纽尔·霍尔姆（Emanuel Holm），他读了本书的全部内容，并对其进行了修改，本书还有不足之处，都是我的责任。

我还要感谢弗雷德里克·威克斯特罗姆（Fredrik Wikström），我经常跟他探讨，都入迷了，还有我的弟弟和文学评论家汤米·丹尼尔森，当我太过沉迷于物理时，他就会让我清醒过来。没有我最亲爱的家人维多利亚、曼恩和奥洛夫的支持和鼓舞，以及我已成年的孩子奥斯卡和克拉拉，我根本无法写成本书。

推荐阅读

想要深入研究《世界本身》中探讨的各种主题内容，我给你们如下的推荐阅读资料。

引言：一切都是物理

要全面批判不成熟的唯物主义论，我推荐《你是幻影吗？》（米吉利，2014）以及《思想和宇宙：为什么唯物主义化的新达尔文式自然概念几乎肯定是错误的》（内格尔，2012）。托马斯·内格尔在好几部作品中提出，我们对世界的理解还缺少了什么重要的内容，并指出了物质主义论的许多缺陷。我认同米吉利和内格尔的观点，但却选择了延伸物质和物理的定义。《现世：世俗信仰和精神自由》（哈格伦德，2019）这本书提供了从个人层面掌握我的结论的例子。哲学方向的现象学理论在《世界本身》中发挥着重要作用。我推荐如《现象学：基础》（扎哈维，2018）和《现象学》（加拉格尔，2012）这样的作品。《生命这种现象：哲学化生物学》（乔纳斯，1966）提供了二元论在我们看待整个历史过程中所起的作用的迷人和令人大开眼界的观点。

生物不是机器

现在仍然值得一读的关于生命这个主题的经典作品，我推荐《生命是什么?》（薛定谔，1944）。关于人们对生命的认识，一部有趣的现代化作品是《从细菌到巴赫：思想的进化》（丹尼特，2017），与此同时，这本书中还提供了一种有问题的偏见，我在《世界本身》中多次对它提出了质疑。

宇宙不是数学化的

《我们数学化的宇宙》（特格马克，2014）中的观点从很多方面而言都跟《世界本身》相反。我不反对特格马克书中严格的科学观点，不过存在主义的结论我不熟悉。更贴近我对数学的观点的作品是《数学从何而来》（莱考夫和努涅兹，2000），这本书证实了数学是怎样植根于切实的体验经历中的。在《不完备性：库尔特·哥德尔的证据和矛盾》（戈德斯坦，2005）中，你可以读到理论背后的哥德尔。关于数学方面，《哥德尔的证明》（内格尔和纽曼，2001年修订版）是一部经典巨著。《皇帝的新思想：关于电脑、思维和物理法则》（彭罗斯，1989）和《心灵的阴影：寻找缺失的意识科学》（彭罗斯，1994）特地评估了哥德尔的研究成果及其影响作用——但有些结论跟我的完全不同。关于万物真实含义的一种冷静且切实的观点可以参阅《哥德尔不完备论的哲学重要性》[《国际哲学杂志》234，第4期（2005）：513—534页]。对于那些想要钻研关于哥德尔数学谜团的人，我推荐《永远不确定：哥德尔之谜探索指南》（斯穆里安，1987）。《哥德尔、埃舍尔和巴赫：

集异璧之大成》（郝夫斯台特，1979）是一种取之不尽、用之不竭的灵感源泉，令人回味无穷。

模型与真实是不一样的

对我来说，一直都很有用的一本书是《体验哲学：形象化思想与它带给西方思想的挑战》（*Philosophy in the Flesh: The Embodied Mind and Its Challenge to Western Thought*）（约翰逊和拉科夫，1991），它详细分析了柏拉图式妄想的不合理之处，并提供了自然化的选择。

电脑是没有意识的

《笛卡尔的骨头：信仰与理性冲突简史》（*Descartes' Bones: A Skeletal History of the Conflict Between Faith and Reason*，Shorto）（肖托，2008）讲述了笛卡尔死后令人毛骨悚然又很有趣味性的故事。《笛卡尔的错误：情绪、推理和大脑》（*Descartes' Error: Emotion, Reason, and the Human Brain*，Damasio）（达马西奥，1994）强调了我们不仅用大脑思考，而且完全依赖于整个身体。想要了解与我的观点完全不同的想法，我推荐《生命 3.0：在人工智能的时代生而为人》（*Life 3.0: Being Human in the Age of Artificial Intelligence*，Tegmark）（特格马克，2017）和《超级智能：路线图危险性与应对策略》（*Superintelligence: Paths, Dangers, Strategies*，Bostrom）（博斯特罗姆，2014）。《意识的解释》（*Consciousness Explained*，Dennett）（丹尼特，1991）的立场与我的相去甚远。在《世界本身》中，我将自己设定为无力主义者。在《卡尔·亨佩尔的哲学：科学、解释和理性研究》（*The Philosophy of Carl G. Hempel: Studies in Science*，

Explanation, and Rationality，Fetzer）（菲泽尔，2001）中，我们可以找到对这一概念的有趣质疑。1997 年 3 月 6 日的《纽约书评》（*The New York Review of Books*）期刊中，约翰·塞尔评论了《有意识的思想：找寻基本理论》（*The Conscious Mind: In Search of a Fundamental Theory*）（查尔默斯，1996）。这引起了《纽约书评》1997 年 3 月 15 日刊登的关于此文的探讨。

不是所有的一切都能通过计算得出

《不完善的自然：物质是如何产生思想的》(*Incomplete Nature: How Mind Emerged from Matter*, Deacon)（迪肯，2011）系统性地探索了微观物理学无法导出的宏观自然法则存在的可能性。《上有动因，下有原子：动因是如何从潜藏的微观物理中产生的》(*Agent Above, Atom Below: How Agents Causally Emerge from Their Underlying Microphysics*, Hoel)（霍尔，2018）更详细地探讨了相关的思想理念。最超凡脱俗，又最难以理解的一部作品就是《生命本身》（罗森，1991）。更简要的相关介绍可参阅《〈生命本身〉文集》（罗森，2000），补充性资料见《生命的映像：关系生物学中的功能蕴含和紧迫性》(*The Reflection of Life: Functional Entailment and Imminence in Relational Biology*)（路易，2013）。总揽了这些看待生命的方式的综合性评论之一就是《生命中的心智：生物学、现象学和思想学》(*Mind in Life: Biology, Phenomenology, and the Sciences of Mind*, Thompson)（汤普森，2007），而《回答"生命是什么"这个问题：理论生物学与哲学生物学相融合》[《自然和社会哲学杂志》4，1—2（2008）：53—77页]，则更详细地探讨了罗森的观点。

人并不特别

关于其他生物的内心世界，《做一只蝙蝠是什么样？》[《哲学评论》83，4（1974）：435—450页] 是一部经典之作。这些思想在《从无处看世界》（*The View from Nowhere*，Nagel）（内格尔，1986）和《这一切是什么意思？哲学简介》（*What Does It All Mean？ A Very Short Introduction to Philosophy*）（内格尔，1987）。关于非人类生物更现代、更容易理解的作品有《其他思想：章鱼、海洋和意识的深层起源》（*Other Minds: The Octopus，the Sea，and the Deep Origins of Consciousness*，Godfrey-Smith）（戈弗里 - 史密斯，2016），《鱼知道什么：深水近亲的内心生活》（*What a Fish Knows: The Inner Lives of Our Underwater Cousins*）（鲍尔科姆，2016），以及《鲜绿色：植物智能的惊人历史和科学》（*Brilliant Green: The Surprising History and Science of Plant Intelligence*）（曼库索和维奥拉，2015）。提出了惊人观念的意义深远的一部哲学作品是《运动的首要地位》（*The Primacy of Movement*）（舍茨 - 约翰斯通，2011，第二版增补本），它还总览了现象学的重要内容。当然，你还必须读一读《恶心》（萨特，1938）。

自由意识真的存在吗？

《自由意识谬论：面对错误的观念》（*The Nonsense of Free Will: Facing Up to a False Belief*）（奥尔顿，2012），任何相信自由意识的人都值得一读。